JN046258

1日1分!

座ったままでOK!

ズルい腹筋

著
星野光一

監修
東英子
医師

あさ出版

「ズルい腹筋」とは？

“1日たった
1分だけ!”

“イスに
座ったままでできる!”

にカンタンな

腹筋運動です！

体力が
つく!!

呼吸力
アップ!!

など、
うれしい効果が
たくさん！

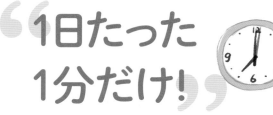

"運動が苦手でも大丈夫!"

"誰でもムリなく鍛えられる!"

ウソみたい

理想のウエストが手に入るほかにも、

背中がスッキリ!!

姿勢がよくなる!!

ズルい腹筋の3大おすすめポイント

1 1日たった1分でOK！

ウソのようですが、ズルい腹筋は1日1セット、
たった1分行うだけで効果が出ます。
そのため、忙しくて時間がない、
なかなかダイエットや筋トレが続かないという方でも、
毎日続けやすいです。
慣れれば1日2セット、3セットやってもOKですが、
1分だけでも確実にウエストが引き締まるのが、
ズルい腹筋の最大のおすすめポイントです！

2 イスに座ってできる！

ズルい腹筋は、イスに座ったまま行います。そのため、仰向けになって上体を起こす従来の腹筋運動では首や腰を痛めてしまう人でも、無理なく行うことができます。日常生活の中で、イスに座ったタイミングでできるのも、大きな魅力です。

3 筋力がなくても大丈夫！

従来の腹筋運動は、お腹に筋力が必要です。そのため、もともと筋力がない人は、1回も上半身を起こすことができないということもあるでしょう。しかしズルい腹筋は、上半身のシンプルな動きと呼吸法がメインのため、お腹に筋力がなくても腹筋を効果的に鍛えることができます。10代から80代まで、運動が苦手な人でも、誰でもカンタンにできます。

基本のズルい腹筋

さっそく、ズルい腹筋のやり方をご紹介しましょう！

両腕で頭を強く挟みます

腕は耳より少し後ろに

準備する物

イスのみ

どのようなイスでも構いませんが、座ったときに股関節とひざの角度が90度になる高さがベストです。また、背もたれやひじ掛けがないものを選びましょう。

姿勢

両足をそろえて座り、背筋を伸ばします。

1

鼻から息を吸ってお腹を思いっきりへこませながら、両腕を上に伸ばし、頭の上で手のひらを合わせます。お腹は目いっぱいへこませましょう。

※背中から腰にかけて力が入っている感覚があればOK!

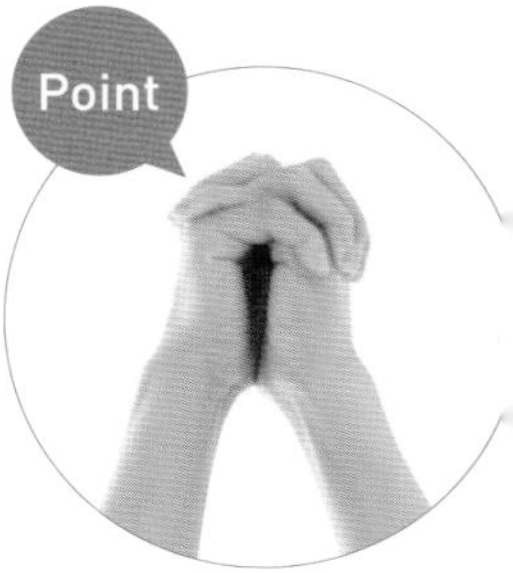
Point

手のひらを合わせる
のがむずかしい人は、
手を組んでもOK!

Point

頬を思いっきり、
ふくらませながら
息を吐きます

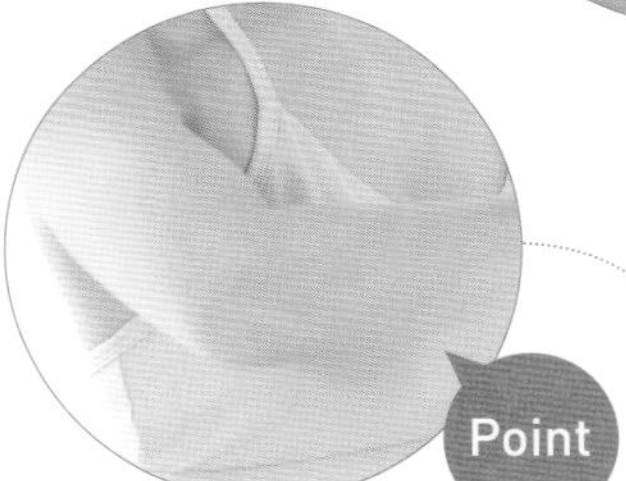
Point

ひじは90度に！　腕は床
と平行に。ひじが下がら
ないように注意しましょう

Point

両手のひらをでき
るだけ全力で強く
押し合います

5
秒間

2

頬とお腹をふくらませて口から息を5秒間吐きながら、上げた両手を胸の前までゆっくり下ろします。お腹は目いっぱいふくらませましょう。

※胸から脇腹にかけて力が入っている感覚があればOK!

1→2を計6回、行います。

※ズルい腹筋で大切な呼吸法については、54ページで解説しています。
※80ページで動画もチェックしましょう！

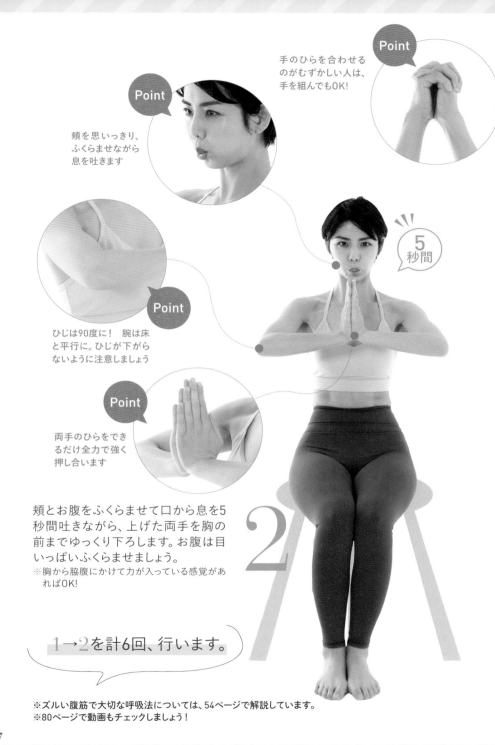

After

Fさん

50代

50代になりダイエットをしてもやせづらく、やせることはもうあきらめていました。ズルい腹筋のことを知ったときも、「腹筋なんて私にはできない」と思ったのですが、試しにやってみると「これならできる!」と思えたんです。ただ、「これでお腹がへこむの?」と半信半疑でした。しかし、徐々にお腹まわりがスッキリして、いちばんの悩みだった下っ腹もほっそりしてきたので、おどろきました!

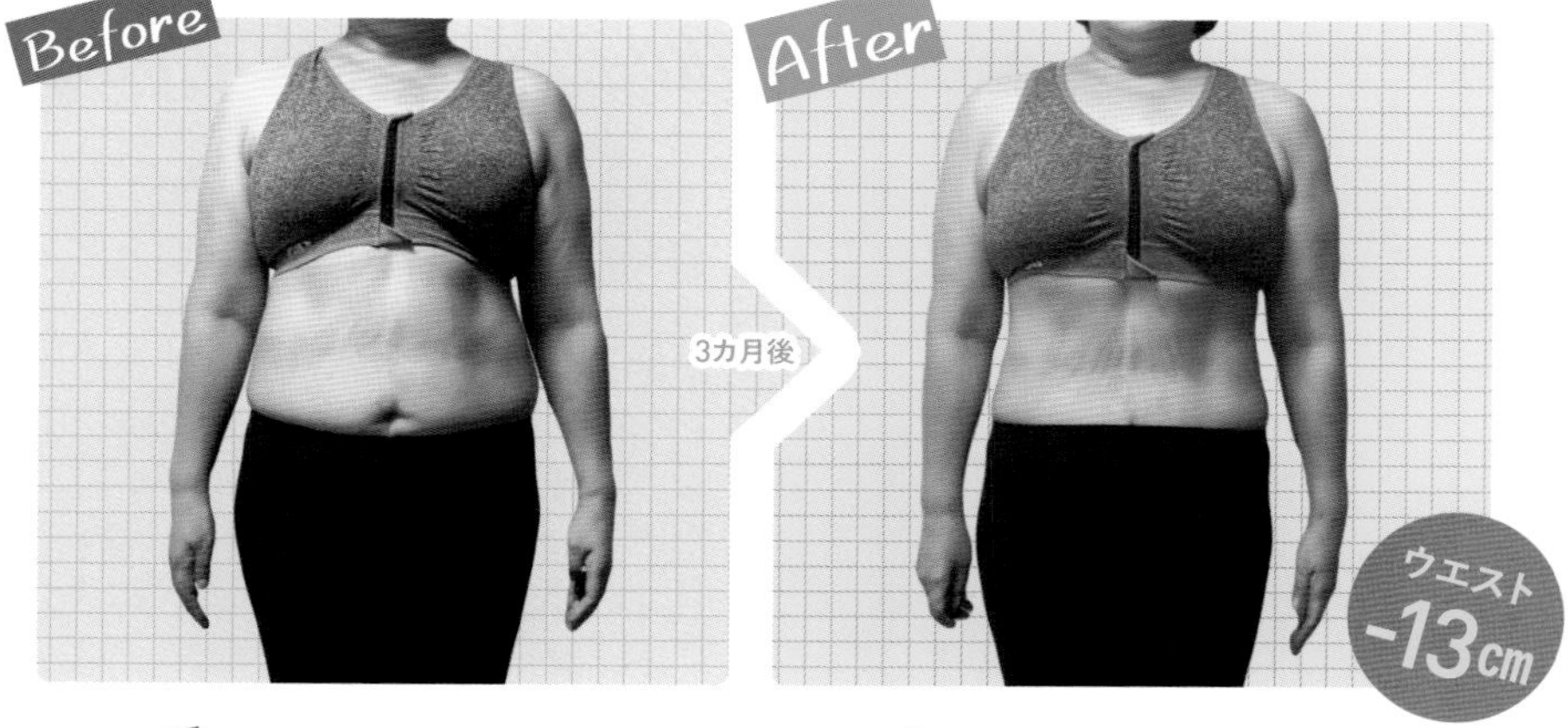

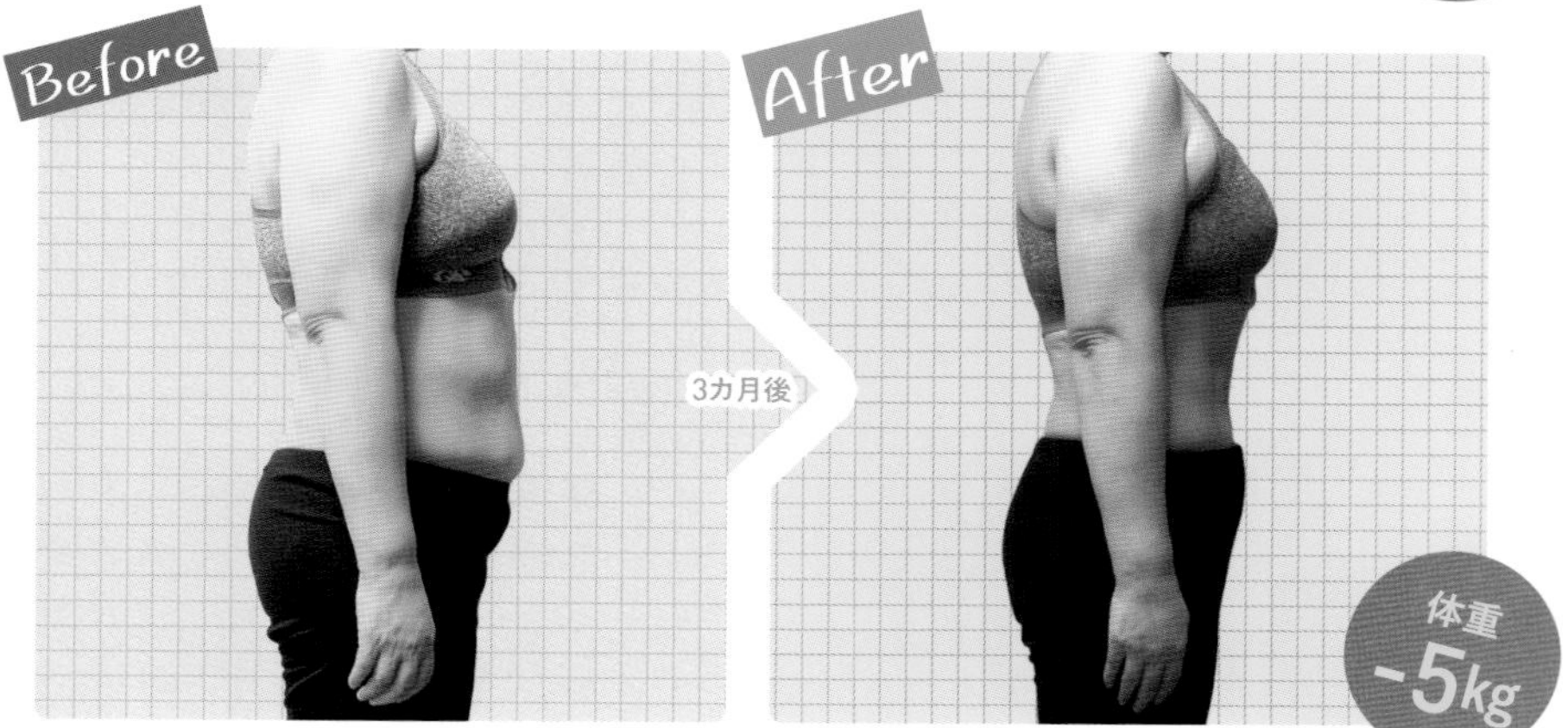

体験者の Before

Sさん
40代

10年ほど運動をほとんどしてきませんでした。妊娠してからは腰痛が慢性化し、ぎっくり腰にもなったため、食事を減らしてやせようとしたのですが、筋肉が落ちて体が冷えるようになっただけでした。しかし、ズルい腹筋をするようになってからは一生付き合っていくと思っていた腰痛がなくなり、階段も駆け上がれるほどに！　体が元気になると心も元気になり、今はイキイキと毎日を過ごしています。

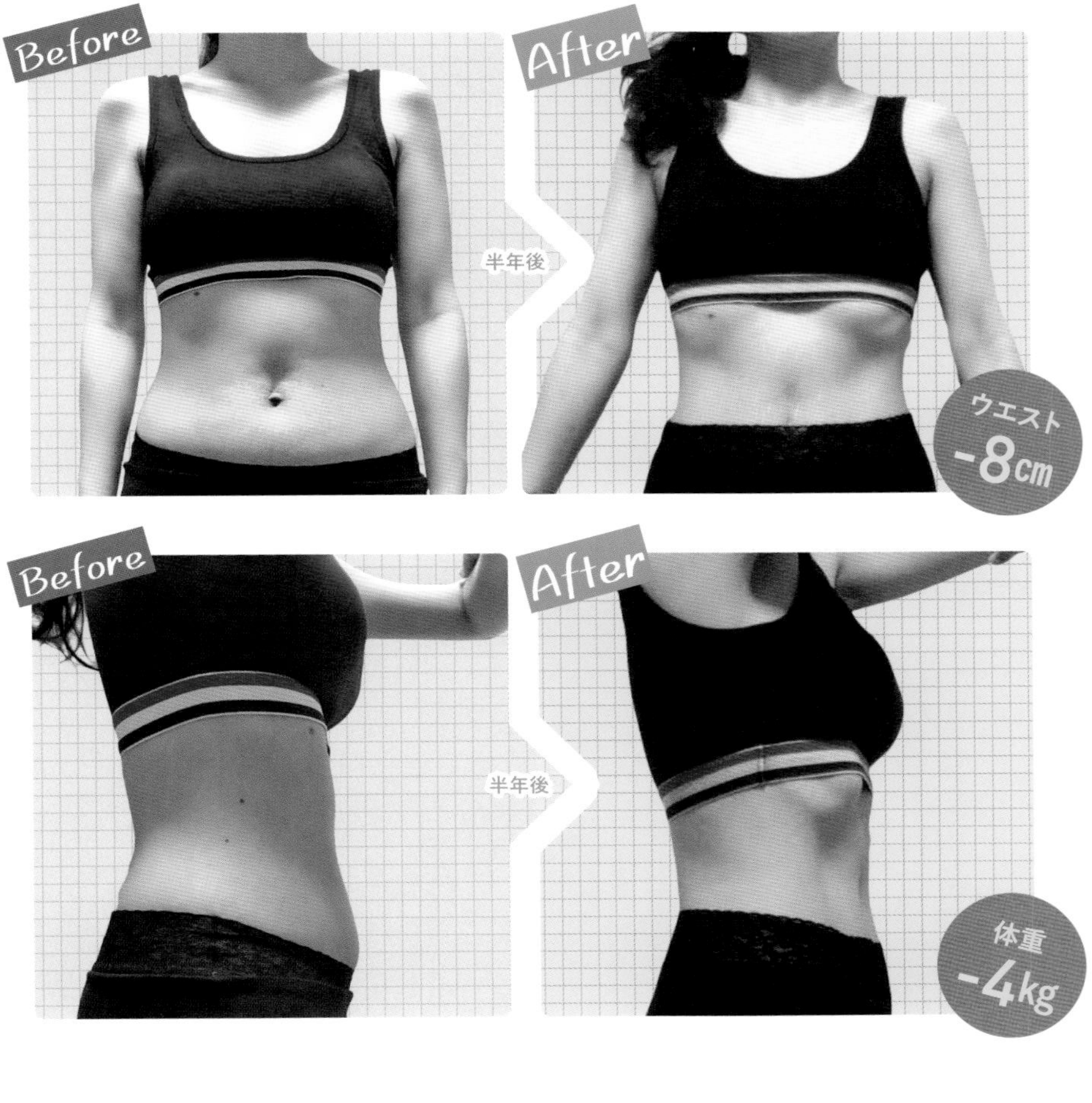
Before
After
半年後
ウエスト
-8cm
Before
After
半年後
体重
-4kg

Rさん
60代

ズルい腹筋を始めてお腹まわりが徐々に細くなっているのは感じていましたが、あまりに徐々で、最初はよくわかりませんでした。けれどあるとき、「もしかしてこのスカートはけるかも？」と試してみたら、なんとずっと入らなかった30年前のスカートがはけたんです！　お腹に縦にうっすら2本のくぼみができたのもうれしいです！

Before

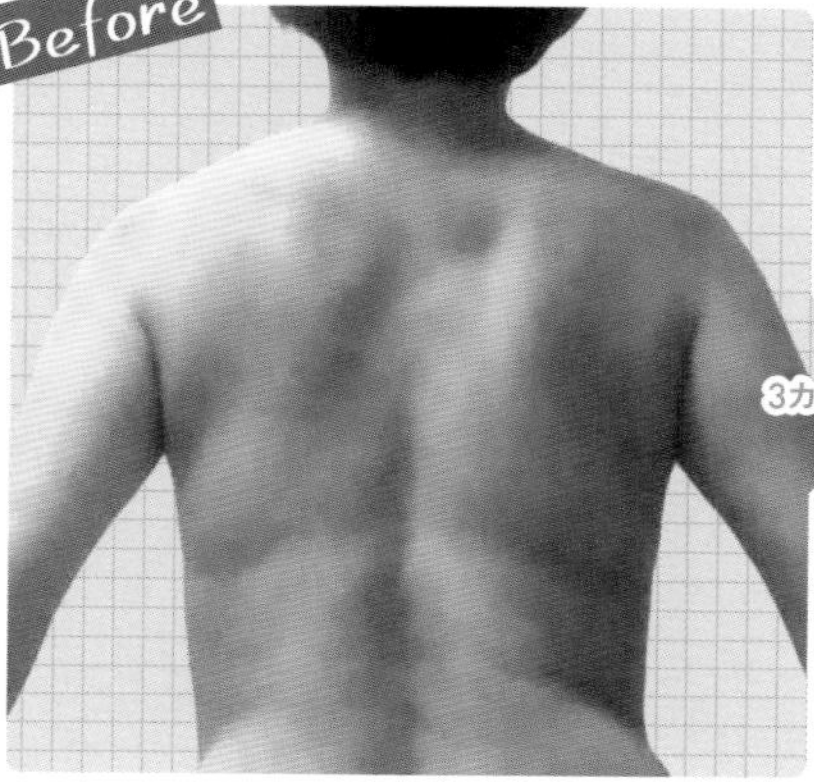

3カ月後

After

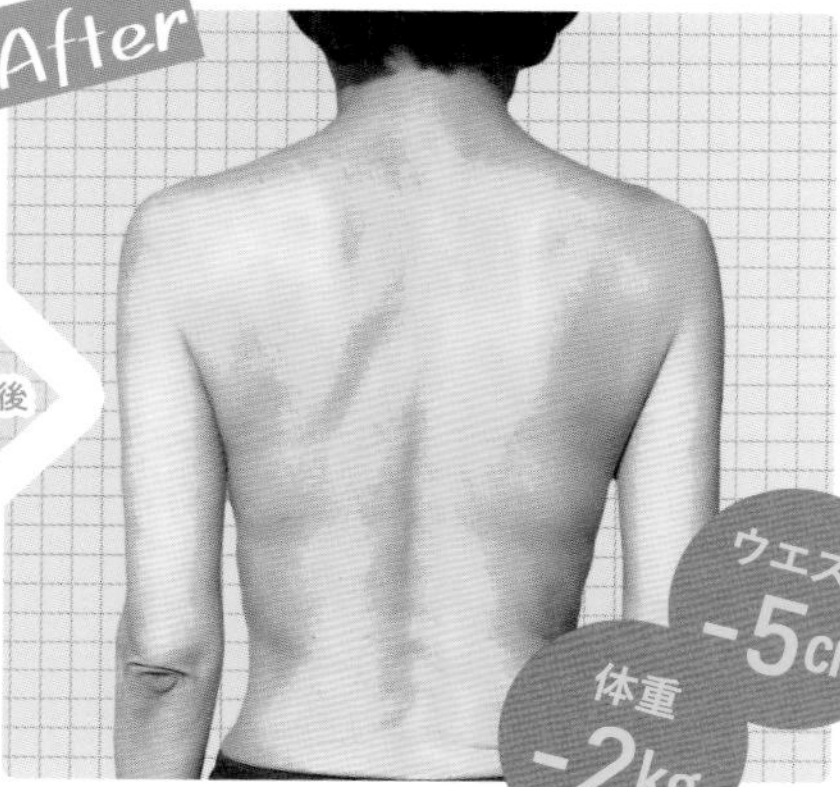

ウエスト -5cm
体重 -2kg

Mさん
50代

運動が苦手で体も硬い私は、ぎっくり腰によくなるため、コルセットがずっと手放せませんでした。そんな私でもできるズルい腹筋を始めてからは、腰まわりに「天然のコルセット」（筋肉）ができ、コルセットの出番がなくなりました。体の変化が自分でわかるのがうれしいです♪

Before

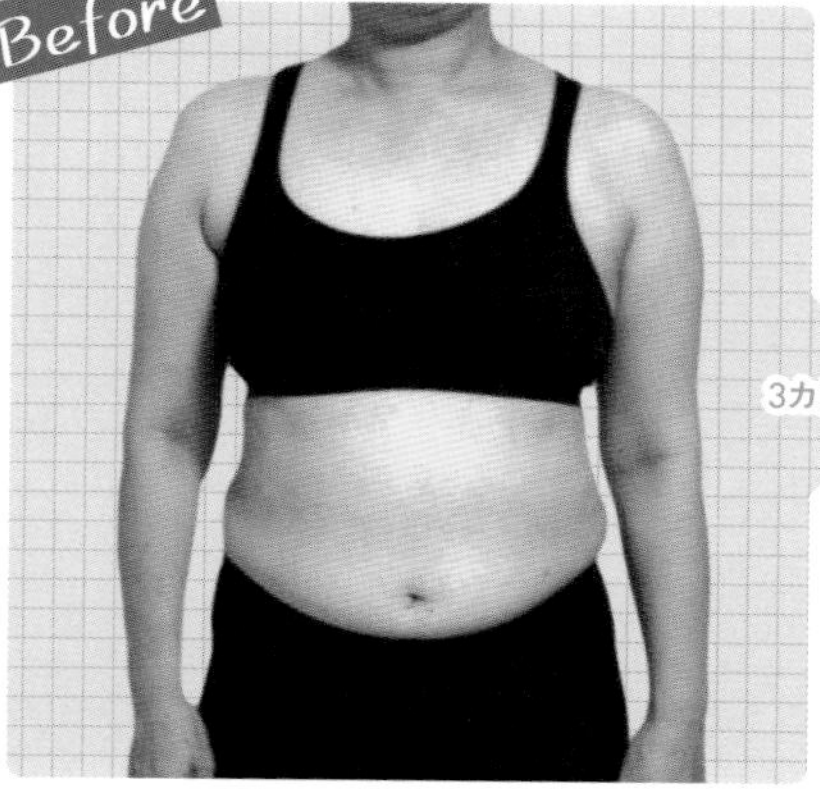

3カ月後

After

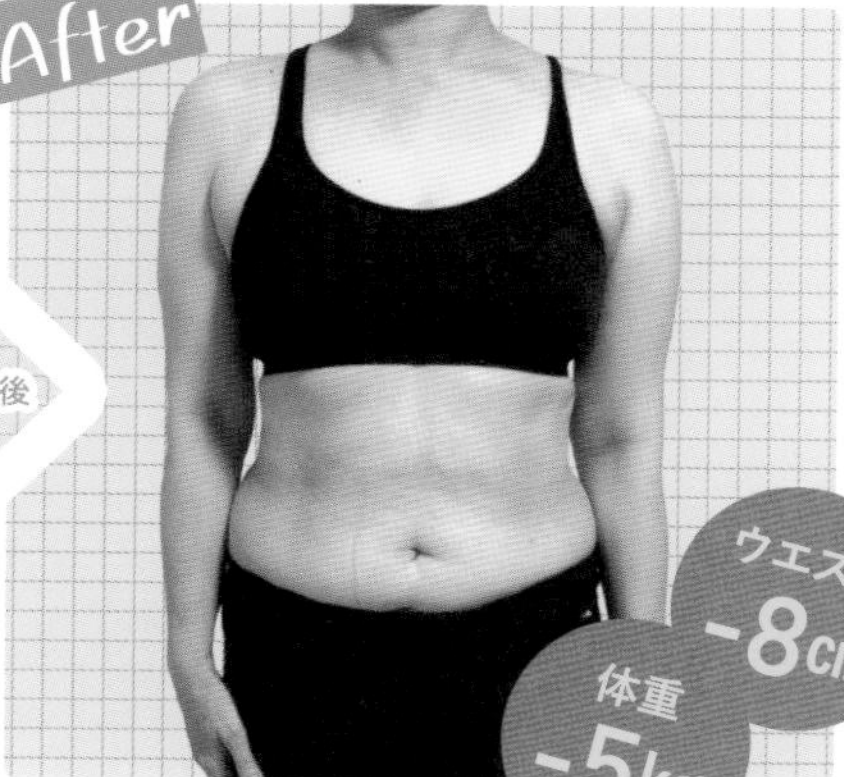

ウエスト -8cm
体重 -5kg

Nさん
50代

ズルい腹筋を始めていちばん変化したのは、便秘と腰痛が解消したことです。ひどいときには1週間も出なかった便が今ではおどろくほど快便に！　週に3回、接骨院に通うほど痛かった腰痛も改善し、気づけば接骨院に行く頻度が激減するまでになりました。今は、たまにほぐしに行くくらいです。これからもズルい腹筋を続けて、さらに理想のほっそりとしたウエストをつくっていきたいと思います！

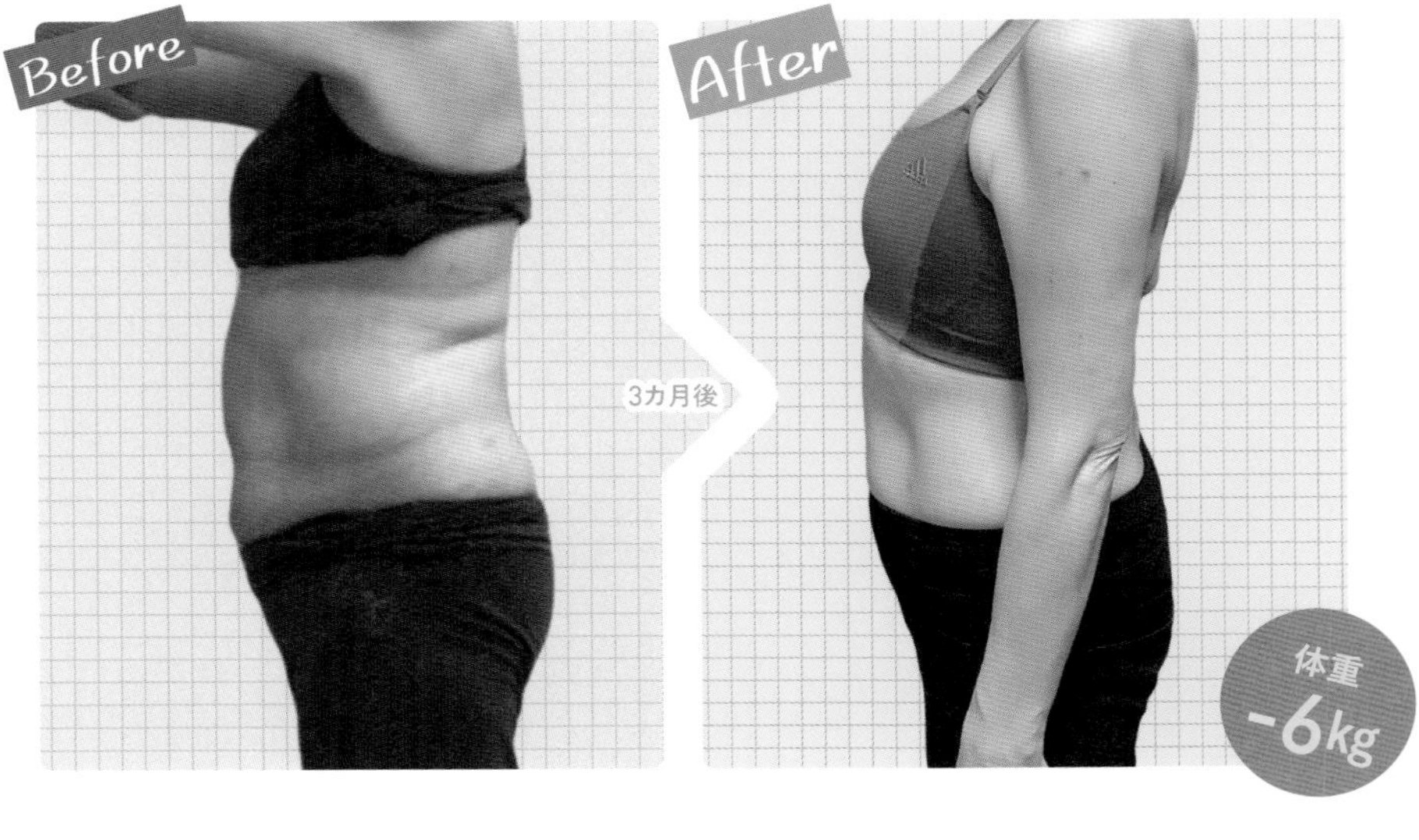

はじめに

「自分のお腹、好きですか？」

この質問に、「はい、好きです！」と自信を持って答えられる人は少ないのではないでしょうか。

- ぜい肉がつきすぎている
- くびれがない
- 下っ腹が出ている
- お腹の肉が段になっている

など、お腹の悩みを抱えている人は多くいらっしゃいます。

しかし、自分のお腹が好きではないのに、そのままあきらめている人が多いのも事実です。

なぜでしょうか。それは、お腹の肉を減らすことがものすごく大変だと知っているからです。

毎日の腹筋や運動、食事制限など、つらいことを長期間乗り越えてこそ、理想のお腹が手に入るのだとすれば、確かにそれをしようとはなかなか思えないでしょう。

では、それが大変ではなかったとしたら、どうでしょうか。

1日1分、しかもイスに座った状態で

理想のウエストが手に入るとしたら……。

実は、そんな方法が実際にあるのです。

それこそが、「ズルい腹筋」です。

私は鍼灸師・整体師として、これまで29年、延べ20万人以上の患者さんの健康をサポートし、私自身も25年以上、さまざまな筋トレに取り組んできました。

その経験と知識を活かして、今は〝筋活アドバイザー〟として、少しでも多くの方に体を動かす楽しさ、喜びを知ってもらおうと、カンタンで効果的なオリジナル筋トレを伝える活動をしています。

そんな中で、妻のあるひとことが、ズルい腹筋が誕生するきっかけとなりました。

「〝これだけやったらOK〟な運動があるならやりたい。
それで体の不調をよくしたいし、
お腹もへこませてウエストもつくりたい」

……いやいや、そんな都合のいいトレーニングなんてあるわけない。

健康的な体もスリムなスタイルも、食事制限や運動を頑張らないと手に入るわけがないんだから！

私ははじめ、そう思いました。

しかし、私自身が腰のヘルニアを筋トレで克服し、その副産物としてスリムな体を手にしたこともあり、「なければつくってみよう！」とダメもとで、メソッド開発に取り組んだのです。

そうして、25年の運動経験と臨床の知識を活かして、カンタンに誰でも必ず効果の出る運動をメソッドとして確立させたのが、「ズルい腹筋」です。

この運動を実際に妻にやってもらうと、みるみる効果が出て、なんと3カ月でウエストがマイナス６㎝！　体が見違えるように変わりました。

さらには筋力がついたおかげで、運動嫌いだった妻はすっかり体を動かすことが好きになり、登山やジョギングまで始めるようになりました。

体調不良になることもなく、それどころか、年齢を重ねるたびにますます元気になっています。

その後、多くの方にこのズルい腹筋を指導してきましたが、生徒さんの多くが妻と同じように、ウエストが細くなる、体力がつく、背中がスッキリするなどの効果を実感しています。

腹筋を鍛えること、理想のウエストになることは、決してむずかしく大変なことではありません。

イスに座ったまま1日1分から始めるだけで、2～3カ月でマイナス10㎝のウエストを手に入れることだってできるのです。

体力に自信がない、運動が苦手、腹筋運動なんてできた試しがない。

でも、お腹やせしたい！

ズルい腹筋は、そんな方にこそ、ぜひ実践していただきたいです。

カンタンなので疲れず、やった分以上に効果が出ます。

ズルい腹筋で、みなさんそれぞれが思い描く理想のお腹をつくっていただけたらうれしいです。

星野　光一

contents

contents

Chapter 2 こんなにもあるズルい腹筋の効果

Chapter 3

1日1分！ ズルい腹筋のやり方

contents

付録

ズルい腹筋Q&A

モデル　宮下ゆりか
写真　写真日和フォトスタジオ
イラスト　わたなべさちこ
本文デザイン　野口佳大
協力　有限会社DreamMaker

※「ズルい腹筋」は、登録商標です。

Chapter 1

ズルい腹筋って何？

「引き締まる」と「やせる」の違い

突然ですが、質問です。

「引き締まる」と「やせる」の違いはなんだと思いますか？

この2つは似ていますが、同じ意味ではありません。

「引き締まる」とは、主に体のたるみがなくなることを言い、やせることとは少し違います。

運動をしなくなると体（特に筋肉）は重力に負けてどんどん下に下がっていきますが、この下がった状態が「たるみ」です。

このたるんだ状態から運動をして筋肉に刺激を与えることで、筋肉などが本来の場所に戻ることを、「引き締まる」と言います。

一方、「やせる」とは体脂肪が減ることです。体重が減ることではありません。よく極端な食事制限をすると体重がストンと落ちることがありますが、このようなときは筋肉まで分解されて減ってしまっているため、必ずすぐにリバウンドします。しかし、しっかり筋肉をつけて代謝を上げ、じっくり体脂肪を落としていくと、なかなかリバウンドをしない体になります。

つまり、**先に体が引き締まらないと、きちんとやせることはできない**のです。

まず、しっかり体を引き締めつつ、たるんで下がった腹筋を本来の位置に戻すこと。その最短ルートの1つが、ズルい腹筋です。

また、ズルい腹筋は呼吸を効果的に行うことによって、基礎代謝も上げてくれます。誰でもムリなく、筋肉をつけながら代謝も上がる、一石二鳥のトレーニングが、ズルい腹筋なのです。

なぜ、お腹には
ぜい肉がつきやすいのか？

ある大手飲料メーカーが、「自分の体の中で、どこがいちばん気になるか」というアンケートをとったところ、男女ともに1位になったのが「お腹の肉」でした。

そもそもなぜ、お腹にはぜい肉がつきやすいのでしょうか。

実は、明確な理由があります。

それは体の中で、**お腹だけが「骨」によって守られていない**からです。

骨がないため、お腹は腹筋で内臓を守るしかありません。

しかしその腹筋がないと、外部からの衝撃や冷えから、内臓を守ることができなくなります。

結果、**腹筋の代わりに「仕方なく」、脂肪で内臓を守るしかない状態**になるのです。

特に女性は冷えに弱く、大切な内臓である子宮を守らなければいけないという防衛本能が働き、男性よりもお腹に脂肪がつきやすいという特徴があります。

お腹に脂肪をつけないためには、腹筋をつけるしかないのです。

腹筋をつけて引き締めることで、お腹のぜい肉が減り、ひいては体全体がやせやすくなります。

このしくみを知ると、「腹筋をつけたい！」という気持ちが強くなるのではないでしょうか。

従来の腹筋運動との違い

腹筋をつければいいとは言っても、それができたら苦労はしませんよね。

普通、腹筋運動と言うと、あのキツい運動を思い浮かべるでしょう。

床に横になり、ひざを立てて、両手は頭の後ろで組み、上半身を起こす……。

この腹筋運動は、そもそもお腹に筋肉がないと上半身を一度だって起こすことができないうえに無理をしてやると首や腰を痛めかねません。

腹筋をつけたいのに、腹筋がないから鍛えられないなんて、本末転倒です。


ズルい腹筋は、ほとんど腹筋の力を必要としません。

イスに座って呼吸と一緒にカンタンな動作をするだけで、だれでも腹筋を鍛えることができ、理想どおりのお腹をつくり上げることができるのです。

従来の腹筋運動を一生懸命している人が、そのカンタンさ、効果のすごさに、**思わず「ズルい！」と言ってしまうトレーニング**なので、**「ズルい腹筋」**と名付けたくらいです。

まったく、むずかしくありません。

それも、1日1分継続するだけで、マイナス10㎝のウエストをつくることができるだけでなく、背中やせ、猫背の改善など、お腹やせ以外の効果も多く期待できます。

ズルい腹筋は、従来の腹筋運動ができない人にこそ試してほしいトレーニングです。

想像以上のカンタンさ、効果に、きっとおどろくことでしょう。

なぜ、ズルい腹筋でウエストが引き締まるのか？

これまでお腹やせのために、従来の腹筋運動をされてきた経験のある方なら、こんなことを思ったことはありませんか？

「どれだけ頑張っても、なかなか効果が出ない」

事実、従来の腹筋運動では、あなたの思い描くウエストを手に入れることはむずかしいでしょう。

なぜなら、従来の腹筋運動はアウターマッスル（浅層筋《せんそうきん》）のみを鍛えるものだからです。

アウターマッスルは表面の筋肉のことで、ここばかりを鍛えると腹筋が太くなって厚みが増し、お腹が引き締まるどころか見た目が「ゴツく」なってしまうのです。

ウエストを美しく引き締めるためには、アウターマッスルとインナーマッスル（深層筋《しんそうきん》）、どちらも鍛えることが重要です。

ズルい腹筋は、上半身の動きと独自の呼吸法を組み合わせているため、アウターマッスルだけでなく、インナーマッスルも同時に刺激できます。

結果的に、短時間でウエストを引き締めることができるわけです。

実際、ズルい腹筋を1分行っただけで、1～3㎝ウエストが引き締まります。

これは一時的ではあるものの、毎日続けることでその形が定着し、理想のウエストが手に入るようになります。

column1

睡眠、足りていますか?

日本人は世界的に見ても、平均で1時間ほど睡眠時間が少ないそうです。

睡眠が健康にいいというのは何となくわかっていても、睡眠がダイエットや理想の体づくりに必要で、そのためにしっかり寝ようと考える方は少ないように感じます。

しかし、睡眠はダイエットや体づくりにおいて、とても重要です。

コロンビア大学が行った睡眠と肥満に関する研究によると、睡眠時間が平均7〜9時間の人に比べて睡眠時間が5時間の人は肥満のリスクが50%上がり、さらに睡眠時間が4時間の人は、肥満のリスクが73%にまで上がるそうです。

これは、睡眠時間が短かったり、夜ふかしをしたりすると、「レプチン」という食欲を抑えるホルモンが減少し、「グレリン」という食欲を増進するホルモンが増えてしまうから。

さらに、睡眠時間が短いと、睡眠中に分泌される中性脂肪を分解して筋肉を増やし代謝を上げてくれる成長ホルモンが、十分に分泌されません。

これらの理由から、睡眠時間が短いと太りやすくなり、理想の体から遠くなってしまうのです。

理想の体づくりに運動や栄養バランスのとれた食事ももちろん大切ですが、睡眠時間もしっかり確保するようにしましょう。

Chapter 2

こんなにもある
ズルい腹筋の
効果

腹筋を鍛えることで健康も手に入る

ズルい腹筋の最大の効果は、理想的なウエストを手に入れることですが、実はそれ以外にもたくさんの美容・健康効果が期待できます。

例えば、次のようなものです。

❶ 体幹の筋力が強化される
❷ 猫背が改善される
❸ 肩こりや腰痛が軽減される
❹ やせやすい体になる
❺ 呼吸筋が鍛えられる

❻ 血流がよくなる

6つの効果を同時に得られるのは、上半身の動きと呼吸法を組み合わせてトレーニングをする、ズルい腹筋だからこそ。

これらの効果により、結果的に、**疲れにくい体を手に入れる**ことができます。

お腹まわりの筋肉は全身のちょうど中心にあり、腹筋は「立つ」「座る」「歩く」「走る」など、あらゆる生活動作に作用します。

そのため、お腹まわりに筋力がつくと、さまざまな動作が楽に行えるようになり、疲れにくくなるのです。

ウォーキングやジョギング、スイミング、山登りなども、腹筋があるだけでおどろくほどスムーズに行えるようになりますよ。

それでは、6つの効果について、詳しく見ていきましょう。

効果
1

体幹の筋力が強化される

ズルい腹筋は、体幹の筋力を鍛えることができます。

体幹とは、両腕・両足・頭部を除いた胴体部分のこと。つまり「胸部」「腹部」「背部」「腰部」のすべてを指します。

「キレイなウエストをつくりたい！」と思ったとき、そのために腹筋のみを鍛えるのは、賢い方法ではありません。キレイなお腹まわりをつくるためには、お腹以外の「腰」や「背中」もシェイプしないと意味がないからです。

その点、ズルい腹筋の一連の動作は、**背中から腰、胸からお腹の筋肉に効かせることができる**ので、体幹のすべての筋肉を鍛えることができ、キレイなお腹まわりをつくることができます。

ズルい腹筋は体幹のすべての筋肉を鍛えられる

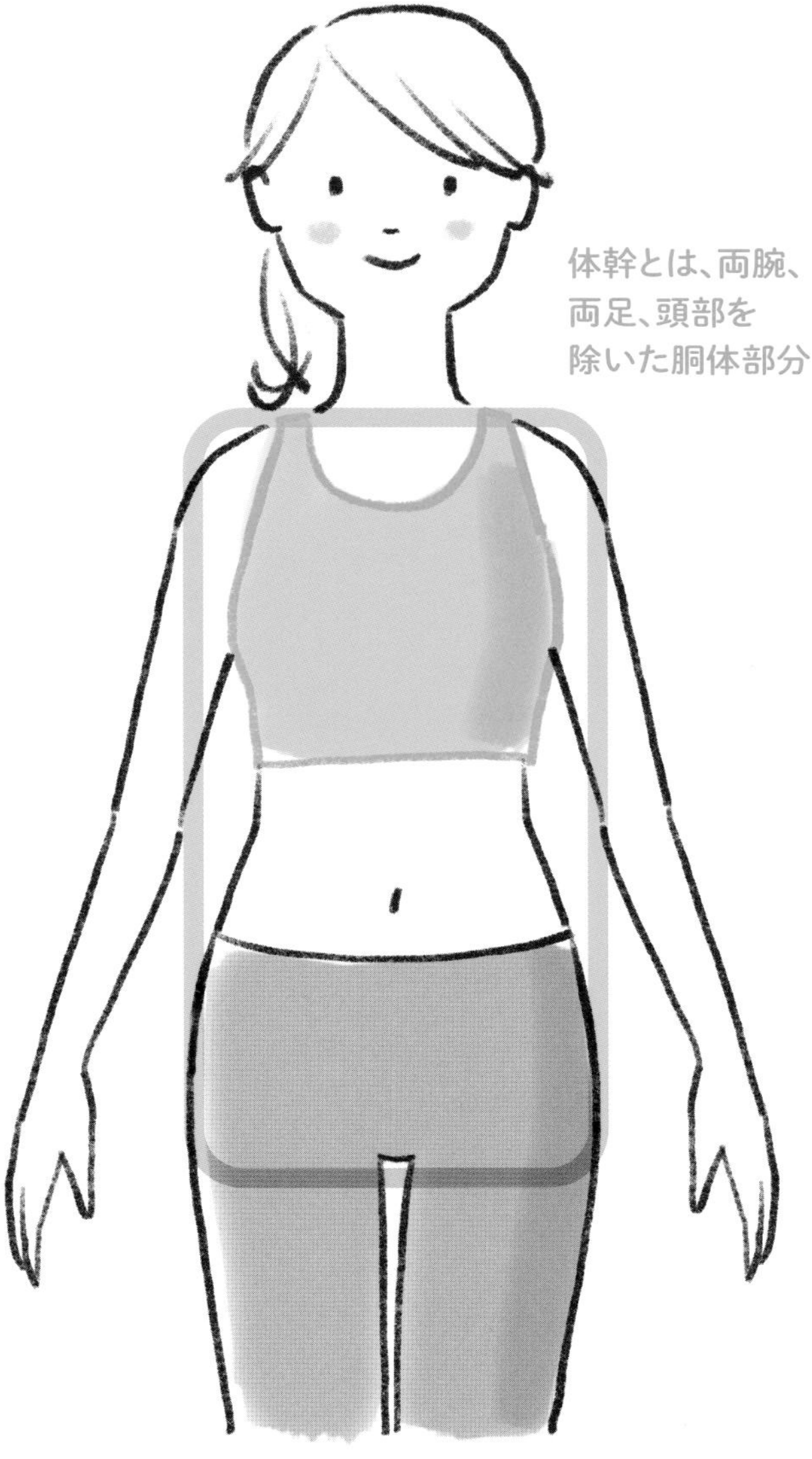

体幹とは、両腕、
両足、頭部を
除いた胴体部分

効果 2

猫背が改善される

スマートフォンやパソコンの操作、事務作業など、現代人は下を向く姿勢になる機会が多くあります。

下を向く姿勢は、無意識のうちに背中が丸くなるばかりか、体幹の筋肉が減少する原因にもなります。

体幹の筋肉が減ると、ますます背中が丸くなっていくという悪循環を引き起こします。

ひどくなると、首の骨（頸椎《けいつい》）の湾曲がなくなるストレートネックにまでなってしまいます。

また猫背になると、呼吸が浅くなり、肩こり、腰痛、自律神経の乱れ、代謝機能の低下などを引き起こします。さらには疲れやすくなり、見た目も老けてしまいます。

猫背は体にとって、何ひとつ、いいことはないのです。

そんな猫背も、ズルい腹筋を行うことで解消することができます。

目いっぱい腕を上げて背筋を伸ばして大きく息を吸うので、首から背骨にかけて本来の美しいS字曲線ができ、それを維持するための背筋《はいきん》が強化されるのです。

続けることで、こり固まって硬くなった背中が柔軟性を取り戻し、猫背が改善していきます。

筋肉不足による猫背は、体幹を鍛えることができるズルい腹筋で改善することができるのです。

効果
3

肩こりや腰痛が軽減される

肩こりの大きな原因の1つは、肩甲骨の癒着《ゆちゃく》です。

肩が内側に巻かれた状態が続くと、首から肩、背中の筋肉がこり固まって、肩甲骨が背中の筋肉にベッタリとくっついてしまいます。

こうなってしまうと、首から肩、背中がガチガチになり、強い肩こりや頭痛、腕のしびれ、眼精疲労など、さまざまな自覚症状が表れ始めます。

薬やマッサージに頼っても、なかなか治すことはむずかしく、改善するためには肩甲骨の癒着を解消する必要があります。

ズルい腹筋は、**肩甲骨を目いっぱい動かして可動域を大きく広げるので、毎日続けることで癒着が改善し、首や肩まわりの血行**

が促進、肩こりを根本から解消することができます。

また腰痛の原因の多くは、腰（お腹まわり）の筋力低下により、体を支えることができなくなることにあります。特に立ちっぱなしや座りっぱなしの状態が長いと、腰の筋肉が疲労により硬くなっていきます。

この状態が続くと、やがて筋肉が減少しやせ細ってしまいます。すると、腰の筋肉で上半身の重みを支えられなくなるだけでなく、歩行時の足からの衝撃に腰が耐えられなくなり、痛みが表れるのです。

さらにそのままにしておくと、負担が腰の骨（腰椎《ようつい》）にかかり、椎間板ヘルニアやお尻から足にかけて痛みやしびれが出る脊柱管狭窄症《せきちゅうかんきょうさくしょう》になることも。場合によっては、手術までしなくてはならなくなります。

ズルい腹筋は、36ページでもお伝えしたとおり、体幹の筋力がアップするため、自然と腰痛が改善します。

実際、腰痛に悩んでいた多くの方がズルい腹筋を毎日行うことで、痛みが消失、または軽減しています。

効果
4

やせやすい体になる

やせやすい体とは、代謝の上がった体のことを言います。

特に、まったく体を動かさなくても消費するエネルギー＝基礎代謝を上げると、やせやすくなります。

若いとき、多少の不摂生をしてもさほど太ることなく、少し運動をして食事制限をするだけですぐに体重が落ちたのは、まさに基礎代謝が大きかったからです。

では、基礎代謝を上げるには、どうしたらいいのでしょうか。

必要なことは、次の3つです。

● 筋肉量を増やす

● 柔軟性を上げる
● 深い呼吸をする

ズルい腹筋は主に上半身のみの運動ですが、この3つの条件を満たしています。
それぞれについてお話ししましょう。

まず、筋肉量についてです。ズルい腹筋は体幹と両腕の筋肉を鍛えることができます。
人間の体は体幹と両腕だけでも多くの筋肉量があるため、ズルい腹筋を行うだけで基礎代謝を上げるのに必要な筋肉量が十分つくのです。

柔軟性に関しては、肩甲骨がポイントです。

肩甲骨の可動域が大きいだけでもやせやすい体になっていきます。

なぜなら、肩甲骨の間にある褐色脂肪細胞《かっしょくしぼうさいぼう》は、脂肪を燃焼しエネルギーをつくり出してくれる細胞で、肩甲骨を動かすことでこの細胞が刺激され脂肪が燃焼しやすくなるからです。

そのため、上半身のみの運動でも効率よく脂肪を燃焼させることができます。

また、ズルい腹筋は大きく呼吸をすることもポイントです。

脂肪を燃焼するには酸素が必要です。大きく吸って力強く吐く。これを繰り返すだけで多くの酸素を取り込むことができ、脂肪が燃えやすくなります。

このようにズルい腹筋は、筋肉量の増加、柔軟性のアップ、深い呼吸により、基礎代謝をアップさせて、脂肪が燃焼しやすい体を無理なくつくることができるのです。

基礎代謝を上げるために必要なこと

効果5

呼吸筋が鍛えられる

呼吸についてもう少し詳しくお伝えましょう。

ズルい腹筋で行う呼吸は、単なる深呼吸ではなく「筋トレ」の効果があり、呼吸筋を鍛えることができます。

呼吸筋とは、呼吸に使われる腹筋、胸部・背部の筋肉や横隔膜等を指します。

呼吸筋が鍛えられると、次のような美容・健康効果が期待できます。

体の中の酸素量が増え、疲れにくくなる

全身の機能を底上げするために絶対に必要なものが「酸素」です。呼吸筋を鍛える

と、たくさんの酸素が体内に取り込まれ、多くのエネルギーをつくり出せます。

その結果、筋肉だけでなく内臓も含めた全身の機能を底上げすることができ、元気でアクティブな毎日を送ることができるようになります。

内臓代謝アップ

気づきにくいですが、内臓も疲労します。

ズルい腹筋で呼吸筋を動かすことで、内臓へのマッサージ効果が期待できます。

呼吸を効果的に行うことで、内臓がほぐされ、内臓の代謝がアップ、健康的な体へと変わっていきます。

自律神経が整う

大きく呼吸をすることは、自律神経を整える効果があります。

理想の体づくりには、心の健康も必須です。大きく吸って大きく吐いてを繰り返すことで、体を鍛えながら気持ちも整えることができます。

効果6

血流がよくなる

ズルい腹筋は、たった1分のトレーニングですが、多くの人が、その1分で血流がよくなることを実感できます。

深呼吸をして、肩甲骨やお腹の筋肉を動かすことでこり固まった上半身の筋肉がほぐれ、血液が全身に巡るのです。

体がポカポカ温かくなり、人によっては汗ばむ方もいらっしゃいます。

血流が悪いと、全身の細胞に血液が十分に行き渡りません。

すると、疲れやすい、朝からダルい、冷え性、免疫力低下、肥満、肌荒れなど、たくさんの不調や病気を引き起こします。

病気や不調の多くは、血流がよくなれば今より改善すると言っても過言ではありません。

また、血流がよくなると体が元気になるだけでなく、気持ちも元気になります。

このように、ズルい腹筋は筋肉をつけて脂肪を減らすだけでなく、そのほかにも多くの美容・健康効果をもたらしてくれます。

それでは、Chapter3で基本のズルい腹筋と、さらに効果が出る6つのズルい腹筋のやり方について、解説いたします。

column2

やせるお風呂の入り方

お風呂に入る際、シャワーですませる方も多くいらっしゃると思いますが、できれば毎日、湯船に入ることをおすすめします。

湯船に入ると血行が促進されるため疲れがとれ、よい睡眠をもたらしてくれますが、湯船に入ることのよい点はそれだけではありません。

お湯によって血液が温められ、湯船の水圧により温められた血液が全身に巡りやすくなることで代謝が促進されるのです。

つまり、しっかり湯船に浸かる習慣をつけるだけで、やせやすい体がつくられるということです。

お風呂に入る前に軽い筋トレや運動をすると、代謝促進効果はさらに上がります。いちばんのおすすめは、やはり1分間の「ズルい腹筋」です。私も毎日必ずお風呂の前にやっています。

また、適度な入浴時間も大切です。

よく10～20分入浴するのがよいと言われていますが、目安としては額から汗がにじんでくるくらい、できれば肩まわりから玉のような汗が出てくるくらいがベストです。

額や肩まわりに汗が出てきたら、全身に温かい血液がしっかり巡っているサインです。お湯の適温は、人それぞれです。38～42°Cの間で「気持ちいい」と感じる温度で入浴するようにしましょう。

ぜひ今日から毎日入浴して、体の代謝を上げましょう！

Chapter 3

1日1分！ズルい腹筋のやり方

基本のズルい腹筋のポイント

それでは早速、ズルい腹筋を実践していきましょう。
基本のズルい腹筋のやり方は、6～7ページでご紹介したとおりです。
おさらいしてみましょう。

❶ 鼻から息を吸ってお腹を思いっきりへこませながら、両腕を上に伸ばし、頭の上で手のひらを合わせます。お腹は目いっぱいへこませましょう。
※背中から腰にかけて力が入っている感覚があればOK！

❷ 頬とお腹をふくらませて口から息を5秒間吐きながら、上げた両手を胸の前までゆっくり下ろします。お腹は目いっぱいふくらませましょう。

※胸から脇腹にかけて力が入っている感覚があればOK！

❶→❷を、計6回行います。

1日の中で、いつ行っても構いません。

1日1回、1セット（＝1分）を毎日行いましょう。

基本的な動きはこれだけですが、ズルい腹筋の効果を最大限に発揮するために、気をつけたいことがあります。

それが、**「呼吸」**です。

正しい呼吸をせずに、ズルい腹筋の効果は期待できません。

次の項目で、呼吸のコツについてお話ししましょう。

ズルい腹筋の効果を最大限に高める呼吸法

ズルい腹筋でもっとも重要なこと。それが呼吸法です。

私は、ズルい腹筋を行うときの呼吸法を、「T・F・M（体幹風船メソッド）呼吸」と名付けています。

ズルい腹筋は、このT・F・M呼吸がもっとも重要だと言っても過言ではありません。

逆に言えば、T・F・M呼吸がうまくできなければ、ズルい腹筋の効果は思うように出ないと言っていいでしょう。

T・F・M呼吸の方法は、55ページのとおりです。

T・F・M呼吸の方法

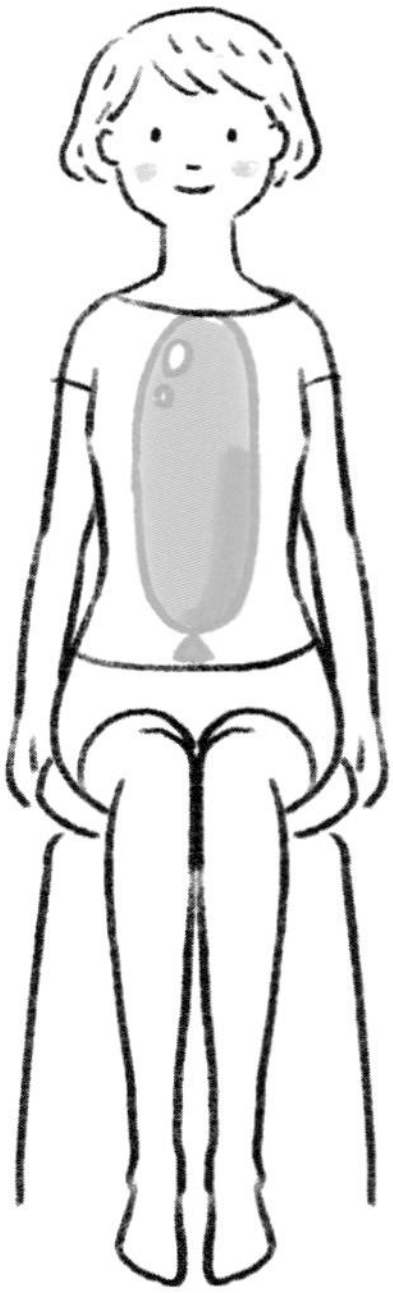

1

胴体（体幹）の中に大きな長細い風船が入っているとイメージしましょう。

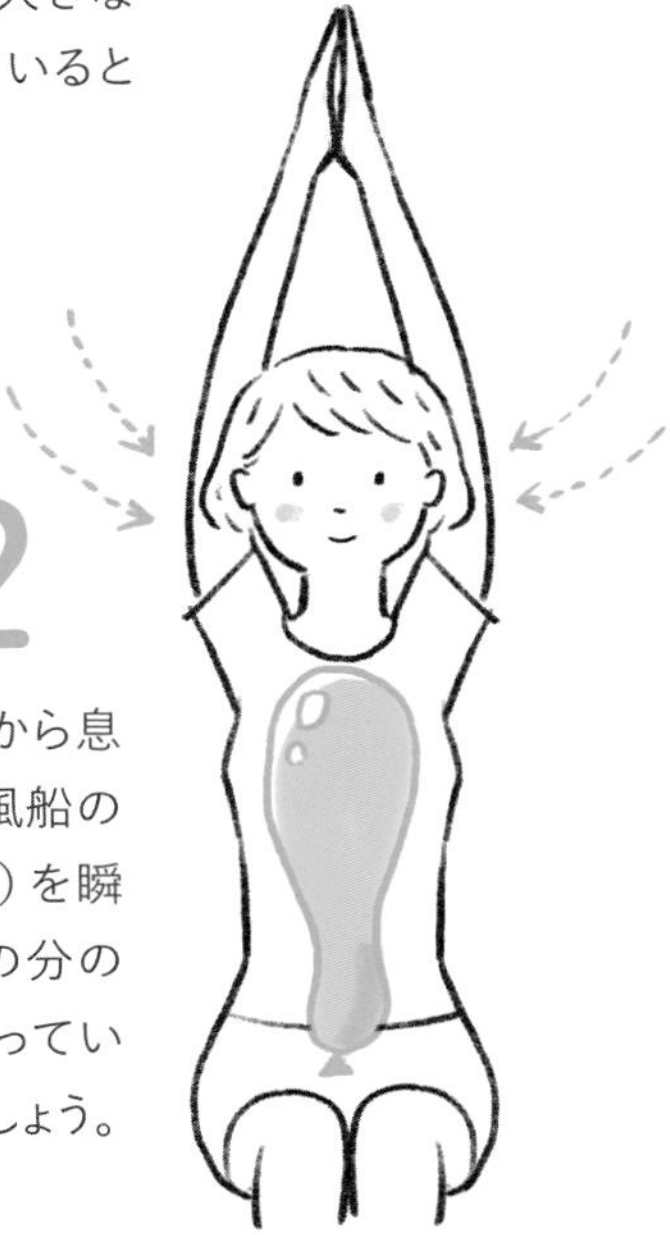

2

お腹をへこませて鼻から息を吸います。細長い風船の下の部分（お腹部分）を瞬時にしぼませて、その分の空気を胸のほうに持っていくようにイメージしましょう。

3

お腹をふくらませて口から息を吐きます。しぼませた風船を一気にふくらませるイメージで、お腹に力を入れて思いっきり息を吐きましょう。

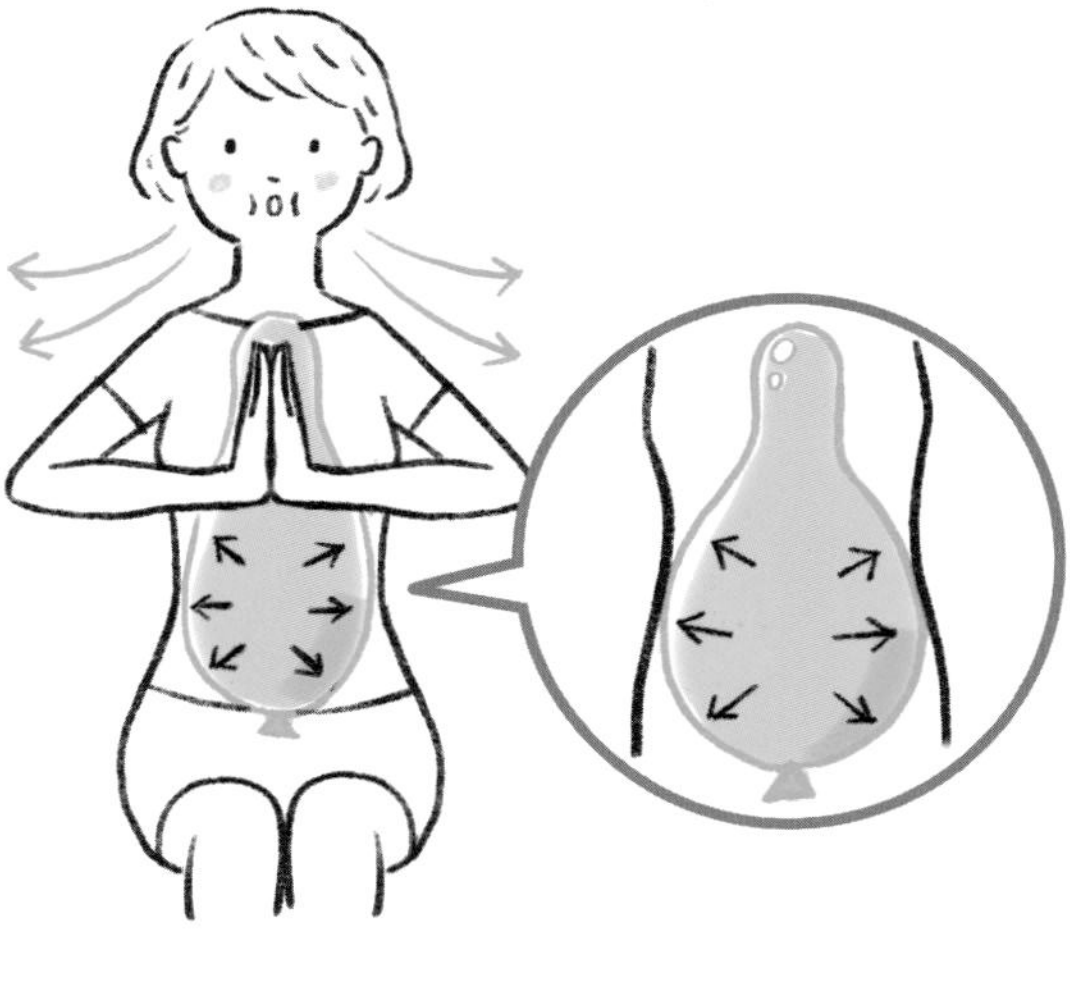

息を吸いながらお腹（風船）をへこませ、
息を吐きながらお腹（風船）をふくらませる。

あれ、何か違和感がありませんか？

そうです。
お腹の動きが、一般的な腹式呼吸とは逆なのです。

T・F・M呼吸は腹式呼吸ではなく腹筋運動なので、呼吸をしながら力を入れてお腹をへこませたり、ふくらませたりすることが重要です。

特に女性は、意識してお腹に力を入れることが苦手な方が多いため、風船をへこませたり、ふくらませたりすることをイメージしながら行うことで、うまくズルい腹筋ができるようになります。

もし、呼吸がうまくできない場合は、お風呂の中などでお腹に手を当てて、T・

F・M呼吸だけを練習してみてください。

一般的な腹式呼吸とはお腹の動きが逆なため、最初はむずかしいかもしれませんが、慣れたら、必ずできるようになります。

T・F・M呼吸なくして、ズルい腹筋の効果は得られません。

必ずマスターするようにしましょう。

ズルい腹筋ができているかわからないとき

ズルい腹筋が上手にできているかどうかをチェックする方法があります。
それは、ズルい腹筋をやる前とやった後のウエストのサイズを測ってみるのです。
測る場所は、おへその位置がよいでしょう。

ズルい腹筋がうまくできていれば、たった1分でズルい腹筋後、ウエストが1～3㎝細くなっているはずです。

もしサイズに変わりがなければ、それは何かがうまくできていないということです。
もう一度、6～7ページの基本のズルい腹筋の方法とポイント、54～57ページの呼吸法を読んでチャレンジしてみてください。

特にT・F・M呼吸がきちんとできているかは必ずチェックしましょう。

ほかにも、腕を上げたときに耳より少し後ろになっているかどうか、胸の前で両手を合掌したとき、ひじの角度が90度になっているか、下がりすぎていないかは、初心者の方はできていないことが多いので、チェックしてみてください。

ウエストのサイズが1cmでも細くなっていたら、上手にズルい腹筋ができているということ。このときの感覚を忘れずに1日1分、毎日続けるようにしましょう。

自分の思い描く腹筋をつくる6つのズルい腹筋

基本のズルい腹筋をできるようになったら、上級編1つを含む6つのズルい腹筋に挑戦してみましょう。

まずは基本のズルい腹筋がしっかりできていることが前提になりますので、必ずしも6つのズルい腹筋を行う必要はありません。

ウエストを引き締め、やせボディを手に入れるだけでしたら、基本のズルい腹筋だけで十分です。

- 下腹がぽっこりしている
- ズボンから肉がはみ出ている

- 腰まわりのうきわ肉が気になる
- 三段腹をどうにかしたい
- シックスパックをつくりたい

など、お腹まわりで特に鍛えたい箇所があるという方は、ぜひこの6つのズルい腹筋にもチャレンジしてみてください。

また、基本のズルい腹筋だけでは物足りなくなったという方にもおすすめです。

それでは、基本のズルい腹筋を軸に、みなさんが思い描く腹筋をつくることができる6つのズルい腹筋のやり方をご紹介します。

その前にまず、腹筋を構成する筋肉についてお話ししましょう。

美しいお腹を構成する4＋1の筋肉

お腹の筋肉は大きく分けて4つあります。

腹直筋《ふくちょくきん》、外腹斜筋《がいふくしゃきん》、内腹斜筋《ないふくしゃきん》、腹横筋《ふくおうきん》です。また、腹筋ではないですが、美しい腹筋をつくるためにとても大事な筋肉が、腸腰筋《ちょうようきん》です。

それぞれの役割をよく理解して6つのズルい腹筋に取り組むことで、より理想の腹筋をつくり上げることができます。1つひとつご紹介しましょう。

1. 腹直筋

腹筋の中でもっとも表面にある筋肉です。一般的に腹直筋が腹筋と呼ばれています。

主に、体幹を前屈させる役割があり、ほかにも内臓保護や腹圧を上げる（咳・排

腹筋を構成する筋肉

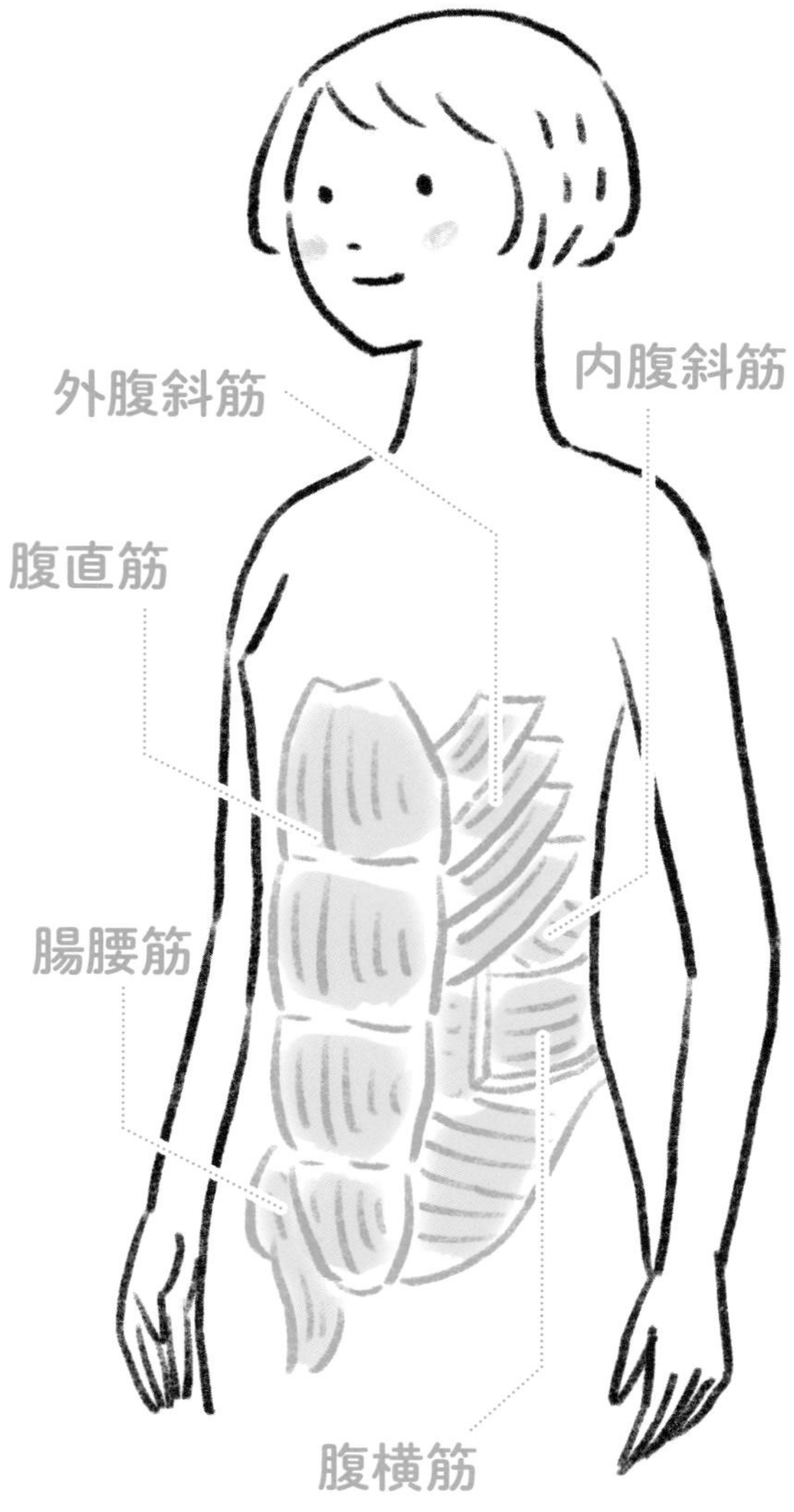

便・分娩時等）、内臓の位置を固定させる働きがあります。

2. 外腹斜筋

脇腹から横腹にかけての浅い部分にある、憧れのくびれをつくるのに必要な筋肉です。腹直筋と同様に内臓保護や腹圧を上げてくれる働きがあります。外腹斜筋は骨盤を安定させてくれるため、鍛えることで姿勢が改善します。

3. 内腹斜筋

横腹に相当する筋肉です。外腹斜筋と内腹斜筋の2つでくびれを構成していて、特に内腹斜筋が弱くなると横腹のたるみとなり、腰まわりにつく、うきわ肉の元になります。体幹を支える役割もあり、鍛えることで腰痛改善や予防効果が期待できます。

4. 腹横筋

腹筋群のインナーマッスルで、私は「筋肉のコルセット」と呼んでいます。お腹まわりを内側からしっかり保護してくれます。くびれをつくる根幹であり、鍛えることで猫背の改善や内腹斜筋とセットで腰痛改善・予防効果が期待できます。

また、強く深く息が吐けるようになり、咳や排便が楽に行えるようになります。

5. 腸腰筋

腸腰筋は腹筋ではありません。人体でもっとも深いところにあるインナーマッスルで、上半身と下半身をつなぐ筋肉です。腸骨筋と大腰筋を合わせて腸腰筋と呼びます。

この筋肉が弱くなると、背中が丸くなりお尻が垂れ、下っ腹がぽっこりたるんだ状態になります。

それでは、それぞれの筋肉を鍛える6つのズルい腹筋の方法をご紹介しましょう。

＼腹直筋を鍛える！／

ぽっこりお腹解消のズルい腹筋

両腕で頭を
強く挟みます

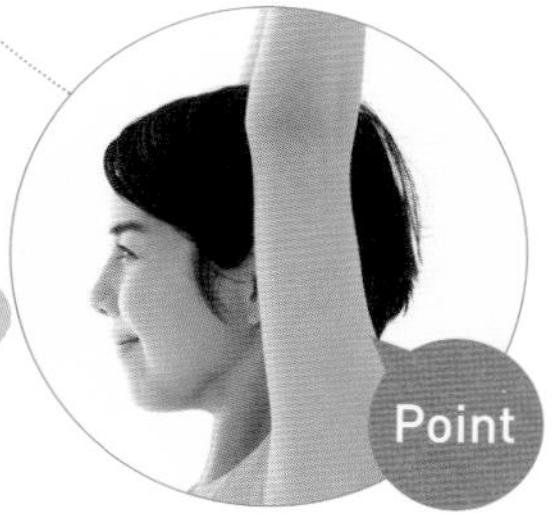

腕は耳より
少し後ろに

姿勢

両足をそろえて座り、
背筋を伸ばします。

1

鼻から息を吸ってお腹を思いっきりへこませながら、
両腕を上に伸ばし、頭の上で手のひらを合わせます。
お腹は目いっぱいへこませましょう。
※背中から腰にかけて力が入っている感覚があればOK！

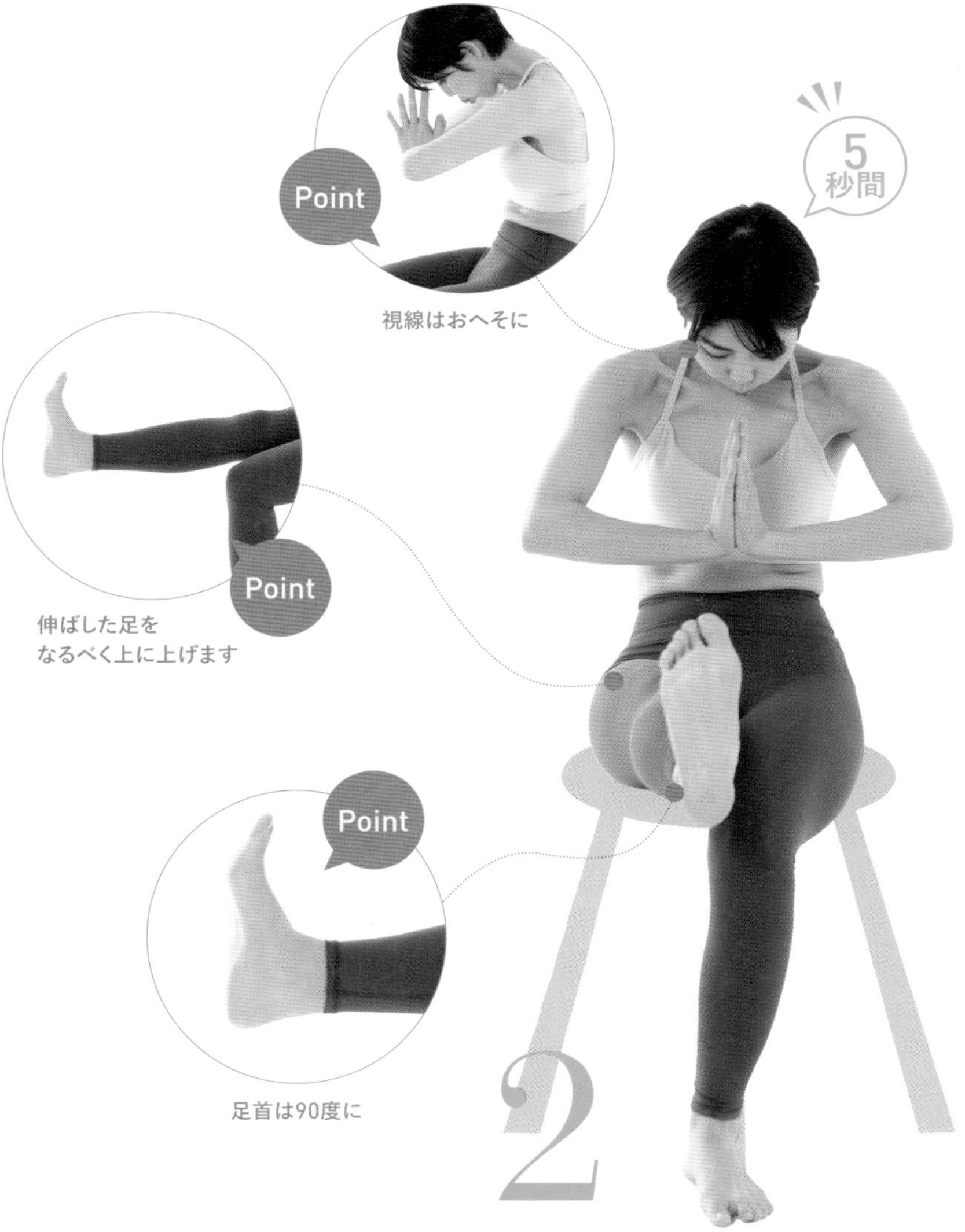
5秒間
Point
視線はおへそに
Point
伸ばした足を
なるべく上に上げます
Point
足首は90度に
2

頬とお腹をふくらませて息を5秒間思いっきり吐きながら、上げた両手を胸の前までゆっくり下ろし、お辞儀をするように背中を丸め、右足を前に真っすぐ伸ばします。

1→2を、左右交互に
両足3回ずつ行います。

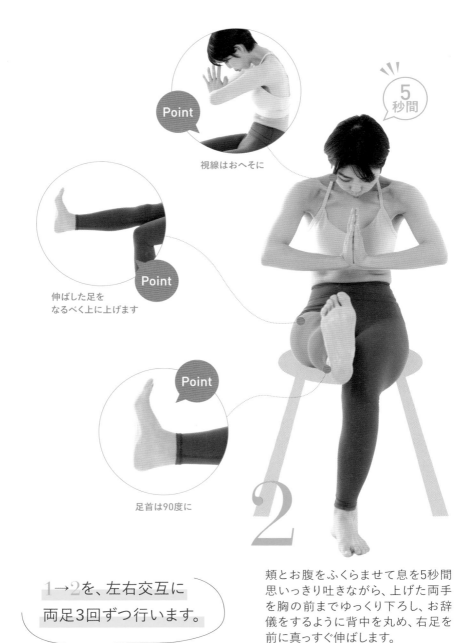

＼外腹斜筋を鍛える！／

うきわ肉解消のズルい腹筋❶

Point

両ひざを押し合うように力をしっかり入れます。内ももが少し疲れるくらいがベスト！　ひざの間に薄いノートなどを挟んで落ちないようにすると、よりGOOD！

姿勢

両足をそろえて座り、背筋を伸ばします。

1

鼻から息を吸いながらお腹を思いっきりへこませ、両腕を上に伸ばし、頭の上で手のひらを合わせ、上半身を右に45度ひねります。

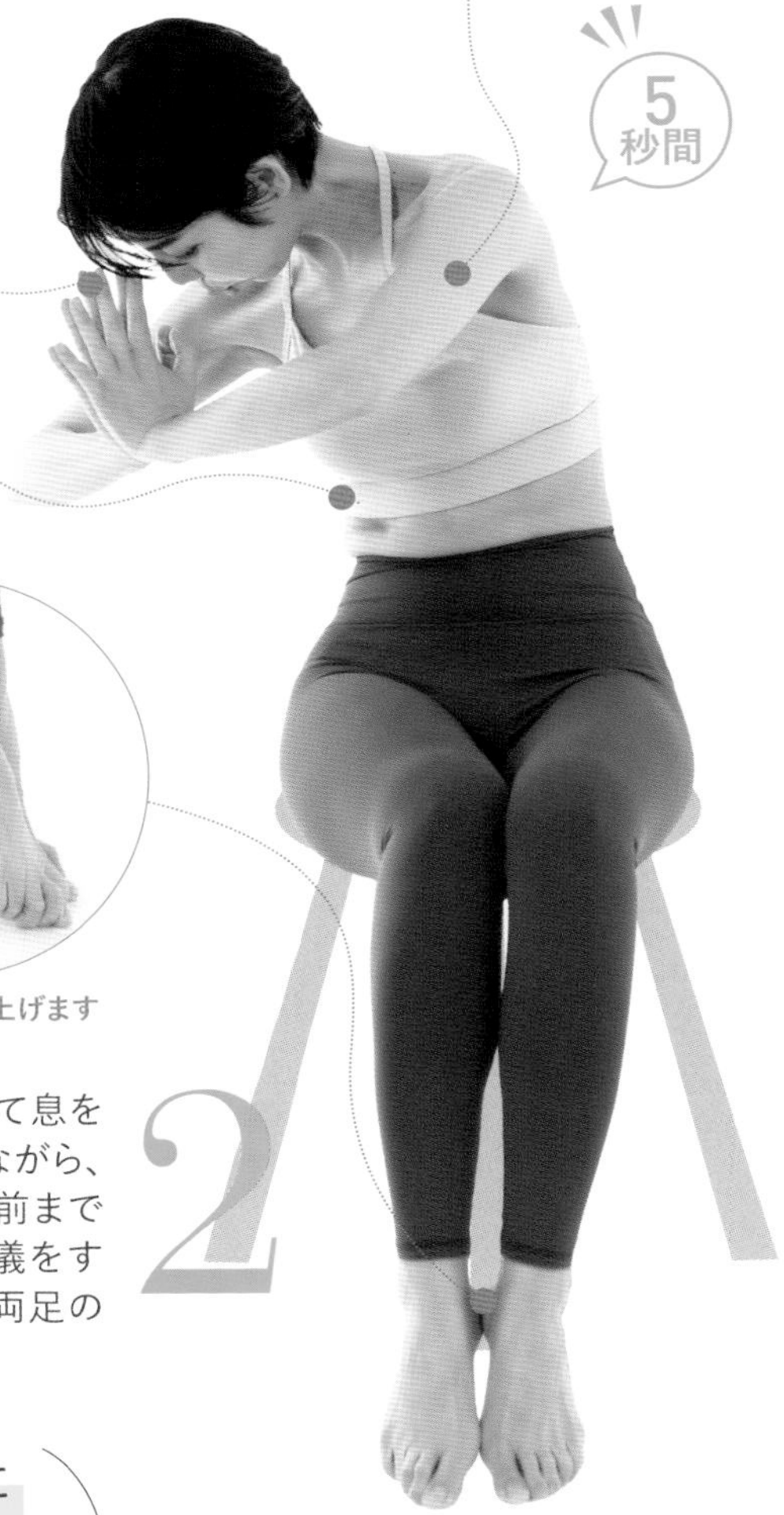
Point
腕を下げないように
注意!
Point
合掌している手の位置は
右胸の前。両手のひらは
強く押し合います
5
秒間
Point
脇腹でお辞儀を
するイメージ

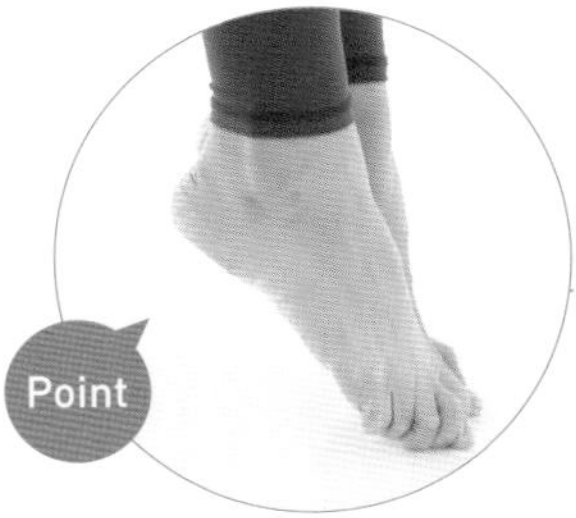
Point
かかとをしっかり上げます

2

頬とお腹をふくらませて息を5秒間思いっきり吐きながら、上げた両手を右胸の前までゆっくり下ろし、お辞儀をするように背中を丸め、両足のかかとを上げます。

1→2を、左右交互に
3回ずつ行います。

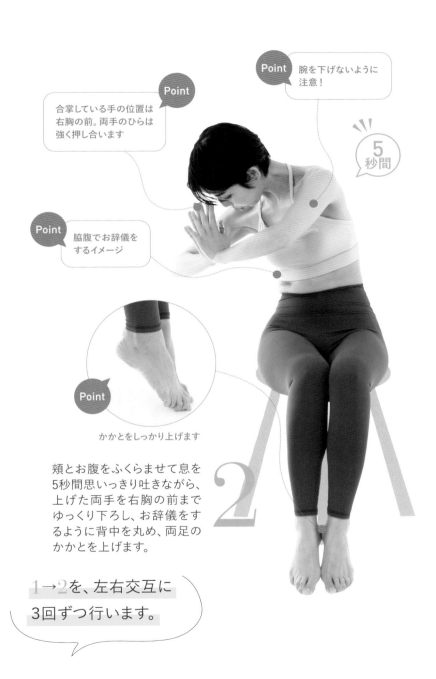

＼内腹斜筋を鍛える！／

うきわ肉解消
のズルい腹筋❷

1

鼻から息を吸ってお腹を思いっきりへこませながら、両腕を上に伸ばし、頭の上で手のひらを合わせます。お腹は目いっぱいへこませましょう。

※背中から腰にかけて力が入っている感覚があればOK！

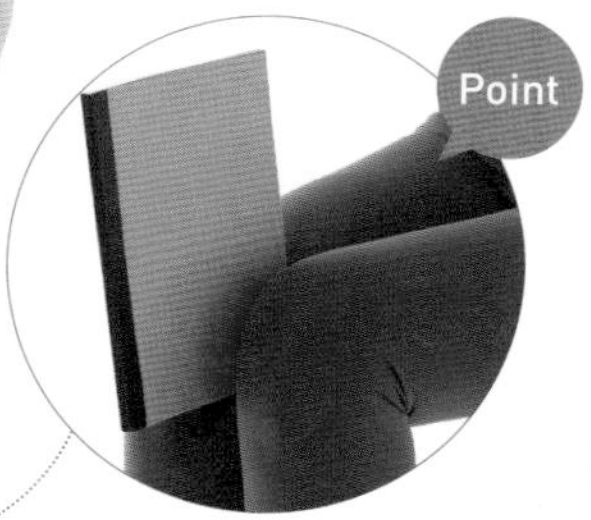

両ひざを押し合うように力をしっかり入れます。内ももが少し疲れるくらいがベスト！　ひざの間に薄いノートなどを挟んで落ちないようにすると、よりGOOD！

姿勢

両足をそろえて座り、背筋を伸ばします。

2

5秒間

Point

顔を右ひじに向けて、下げたひじに息を吹きかけます

Point

左ひじをしっかり上げて脇をひらきます

Point

両手のひらと両ひざにしっかり力を入れます

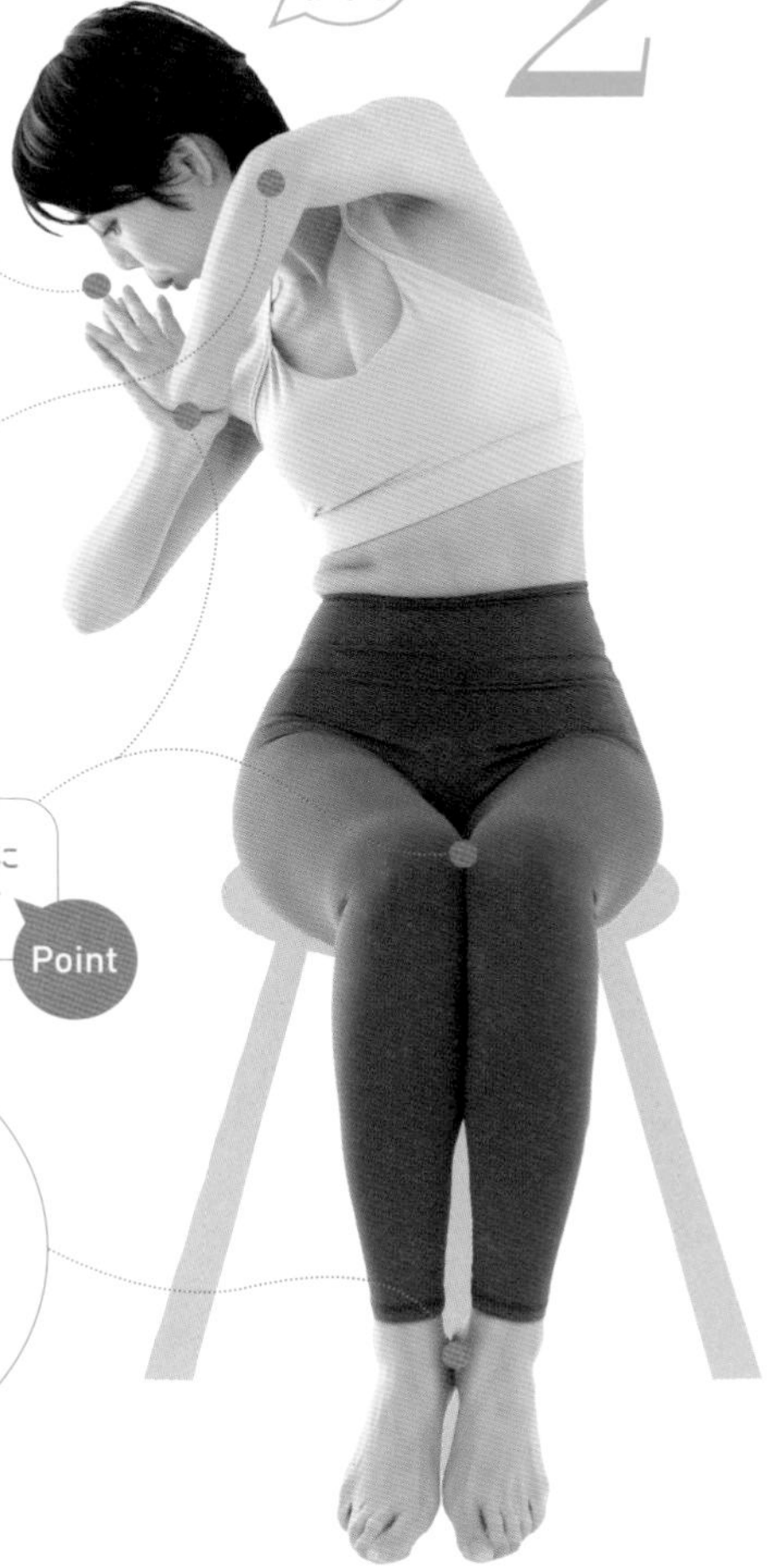

Point

かかとをしっかり上げます

体を右に45度ひねりながら、両手を胸の前までゆっくり下ろし、そのまま右ひじを下げながら、両足のかかとを上げます。同時に、頬とお腹をふくらませながら、右ひじに向けて息を5秒間思いっきり吐きます。

1→2を、左右交互に3回ずつ行います。

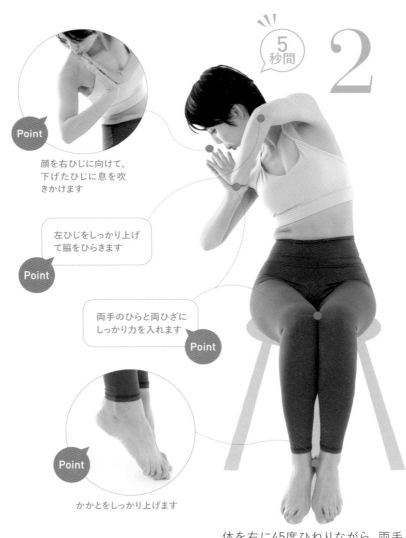

＼腹横筋を鍛える！／

くびれをつくる ズルい腹筋

姿勢

両足をそろえて座り、
背筋を伸ばします。

Point

お腹のへこみ具合を手のひらで感じましょう！

1

両手をお腹にあてたら、鼻から息を吸ってキュッとお腹をへこませます。

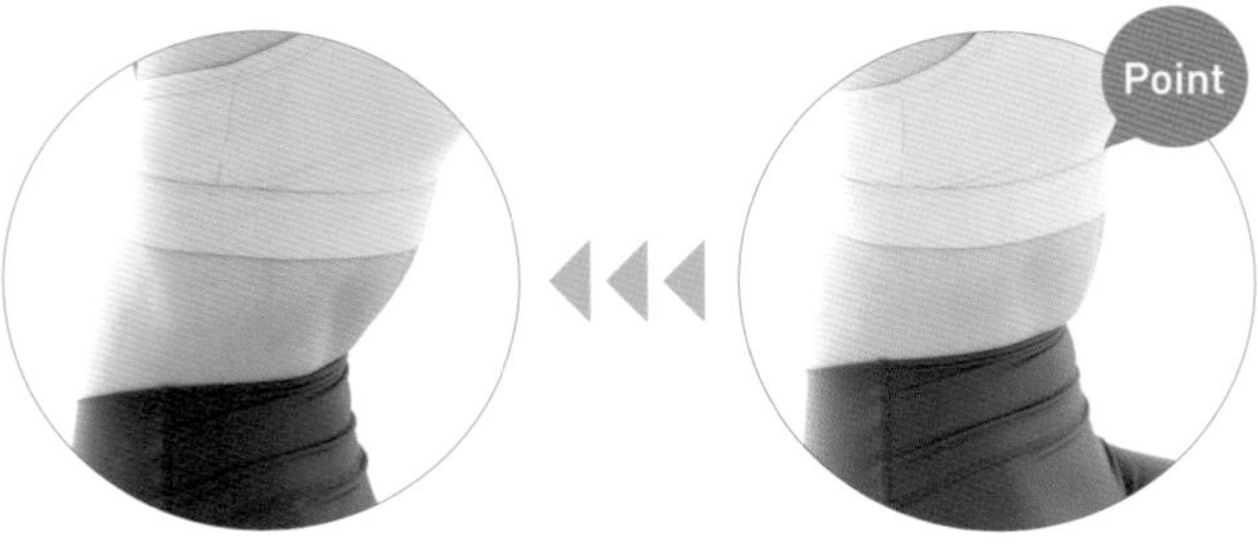

お腹と背中をくっつけるイメージで、
全力でお腹をへこませるのが大事！

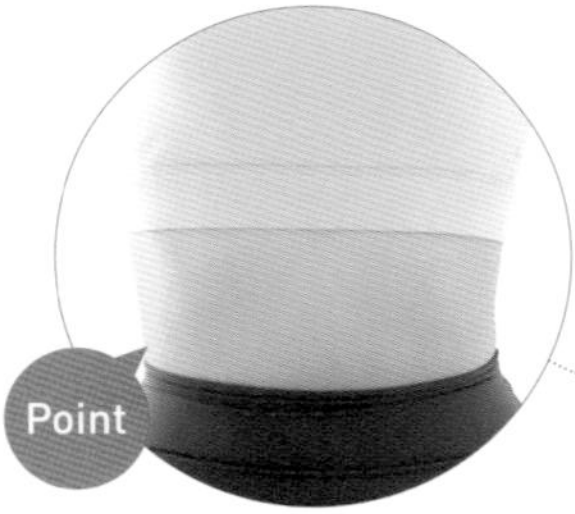

お腹の上部だけでなく、
みぞおちから下腹部まで
しっかりとへこませます

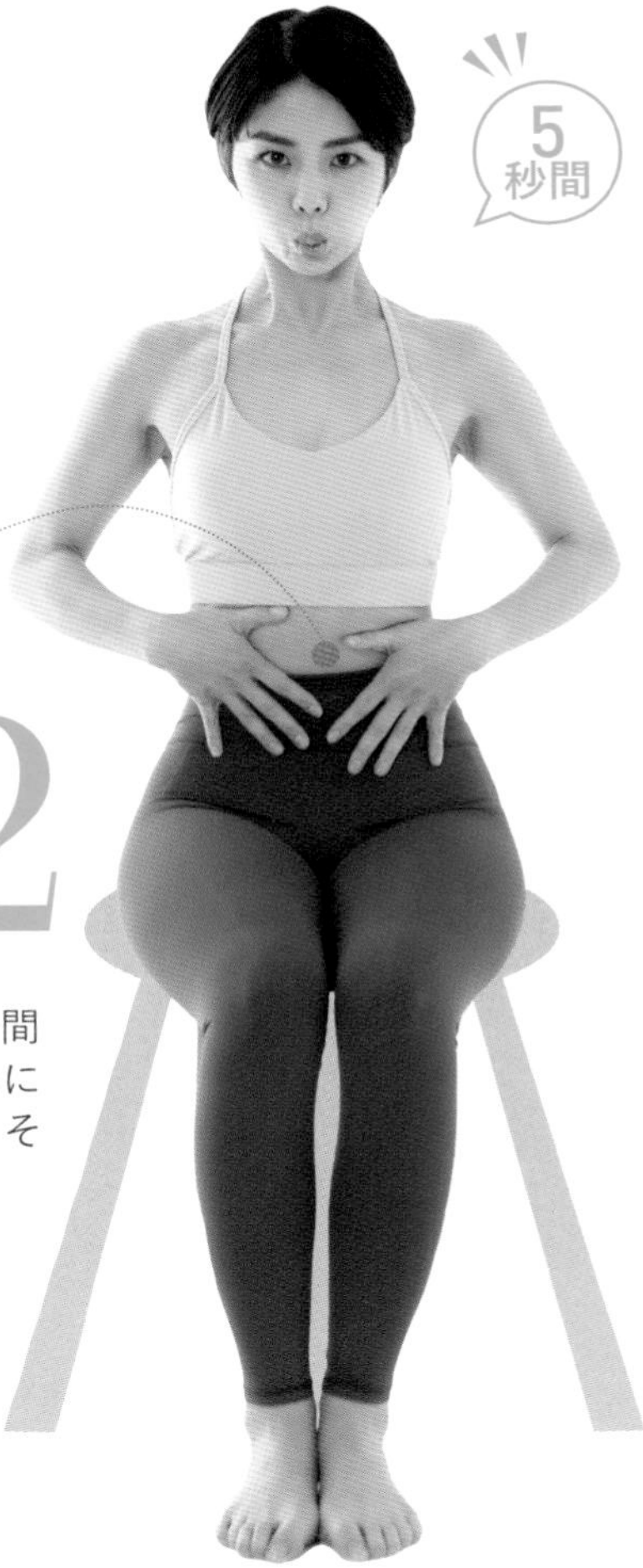

2

頬をふくらませて息を5秒間思いっきり吐きながら、さらにお腹をへこませ続けます。その後、力を抜きます。

1→2を、
計6回、行います。

＼腸腰筋を鍛える！／

ぽっこり下っ腹解消のズルい腹筋❶

両腕で頭を
強く挟みます

腕は耳より
少し後ろに

姿勢

両足をそろえて座り、背筋を伸ばします。

1

鼻から息を吸ってお腹を思いっきりへこませながら、両腕を上に伸ばし、頭の上で手のひらを合わせます。お腹は目いっぱいへこませましょう。

※背中から腰にかけて力が入っている感覚があればOK！

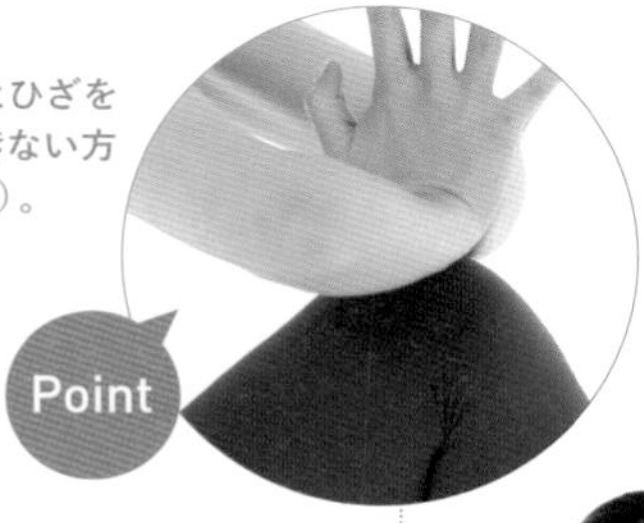
できるだけ手首とひざを
くっつけます（できない方
は無理をせずに！）。
Point

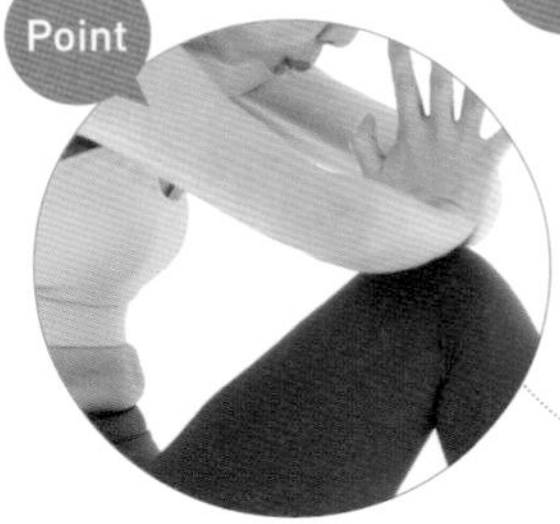
Point
慣れたら、ひざをさらに
胸に引き寄せましょう

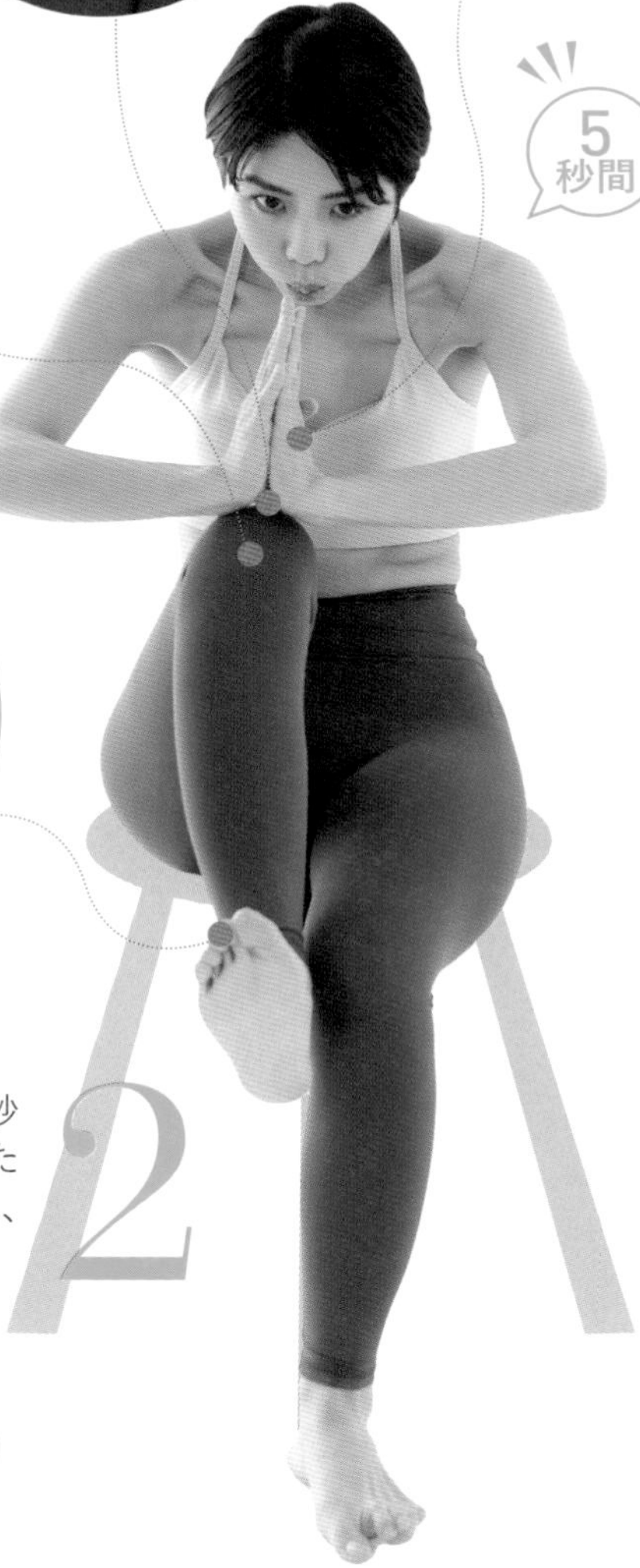
Point
手を下げないように
注意！
5
秒間

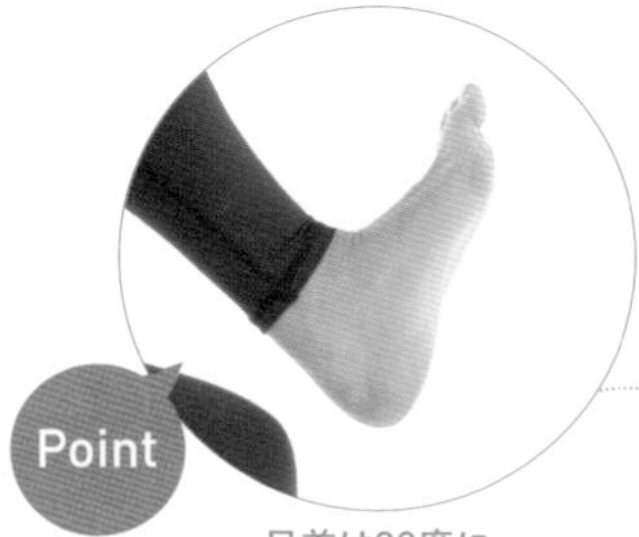
Point
足首は90度に

2

頬とお腹をふくらませて息を5秒間思いっきり吐きながら、上げた両手を胸の前までゆっくり下ろし、右ひざを真上に上げます。

1→2を、左右交互に
3回ずつ行います。

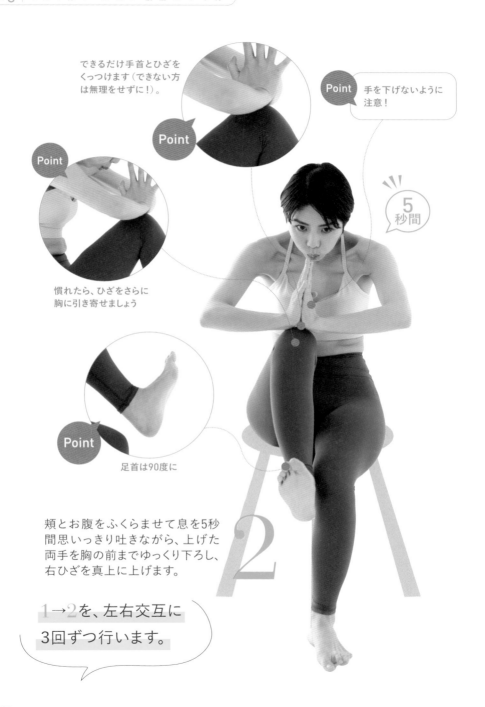

上級編

ぽっこり下っ腹解消のズルい腹筋❷

Point

両腕で頭を強く挟みます

Point

腕は耳より少し後ろに

姿勢

両足をそろえて座り、背筋を伸ばします。

1

鼻から息を吸ってお腹を思いっきりへこませながら、両腕を上に伸ばし、頭の上で手のひらを合わせます。お腹は目いっぱいへこませましょう。

※背中から腰にかけて力が入っている感覚があればOK！

Point 両手のひらをしっかり押し合います

Point できるだけひざとひじを押し合います

Point ひざを胸にできるだけ引き寄せましょう!

5秒間

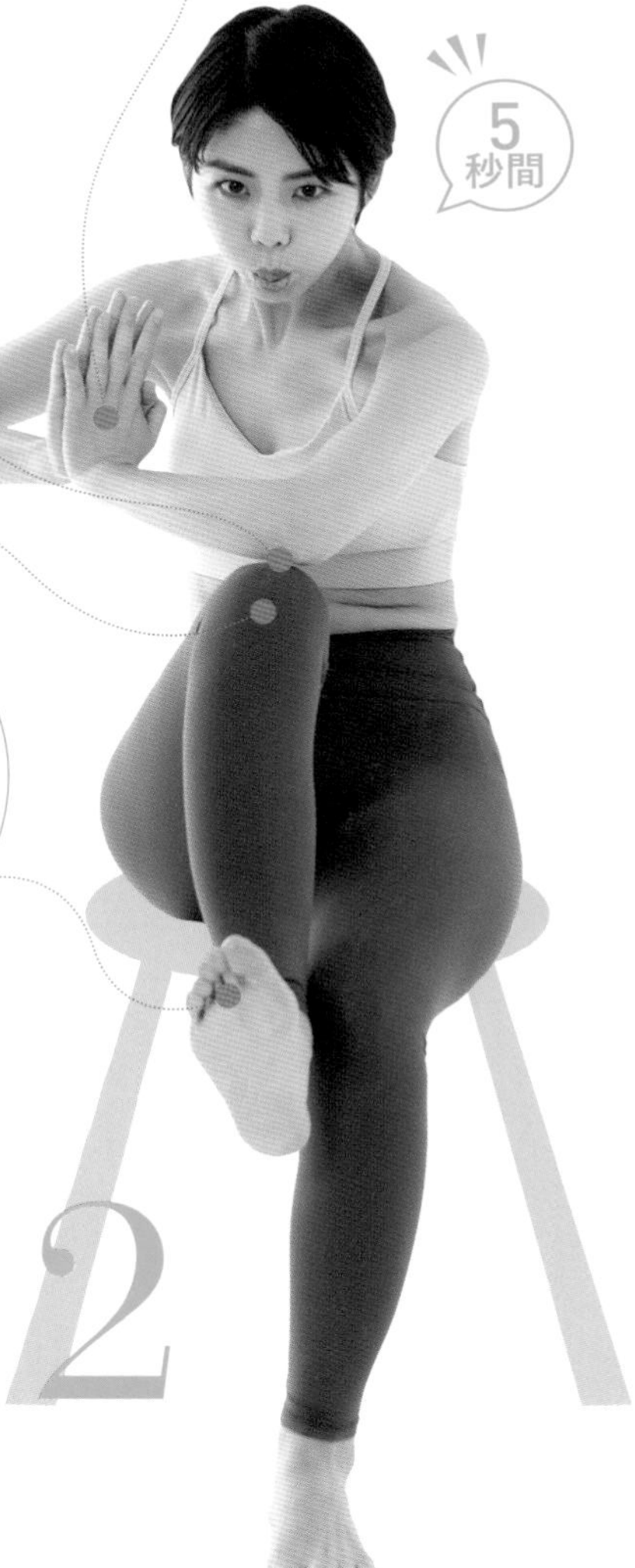

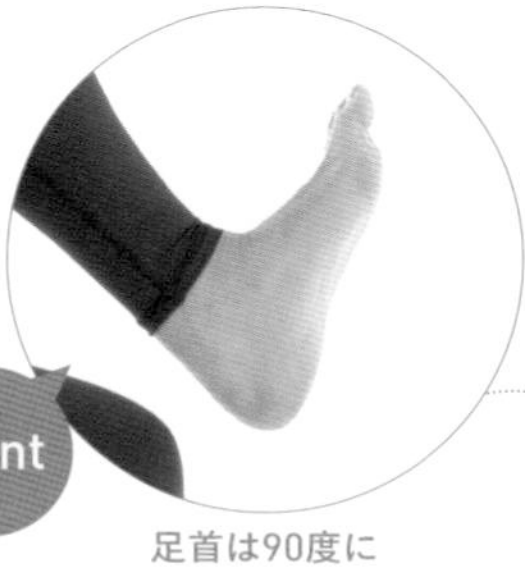

Point 足首は90度に

2

頬とお腹をふくらませて息を5秒間思いっきり吐きながら、上げた両手を胸の前までゆっくり下ろし、体を右側にひねります。同時に、右ひざを真上に上げ、左ひじと右ひざをくっつけて押し合います。

1→2を、左右交互に
3回ずつ行います。

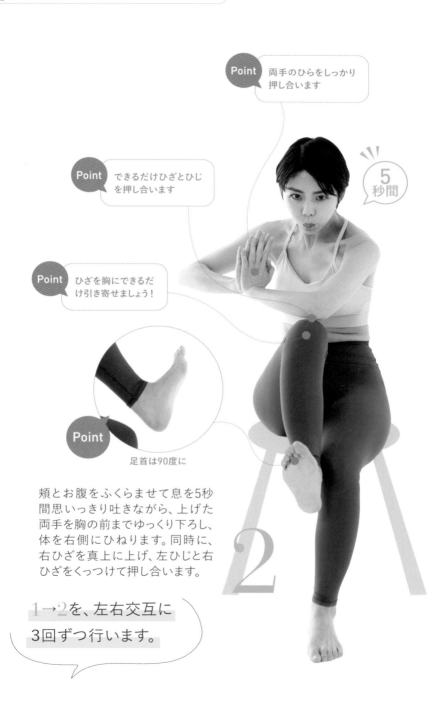

自分に合った方法で腹筋を鍛えよう

ここまで、基本のズルい腹筋のほか、上級編を含む6つのズルい腹筋をご紹介しました。

基本のズルい腹筋を1日1セット＝1分、行うだけで効果は十分に期待できます。バランスのいい体幹をつくるには、基本のズルい腹筋だけで十分です。すべてのポーズを行う必要はありません。

もし、慣れてきて「もっと負荷が欲しい！」というときや、より具体的になりたい体があり、それを目指したいときは、ぜひ6つのズルい腹筋の中からお好きなものを取り入れてみてください。

ただし、基本の1日1セットでしたら毎日行っても問題ありませんが、**複数セット行う場合は、週に1～2日は「休筋日」をつくって、筋肉を休ませてあげましょう。**

もう1つ、おすすめしたいのが、**日常的にお腹を少しだけへこませて生活する、「腹横筋生活」**です。

方法は、座っているとき、立っているとき、歩いているときなど、常に腹横筋を意識してお腹をへこませるだけです。

力加減は、くびれをつくるズルい腹筋（72ページ）のときのお腹をへこませる力が100％だとしたら、その1～2割の力でOKです。

この腹横筋生活は、お腹まわりが引き締まるのをさらに助けてくれるだけでなく、姿勢が自然とよくなり、肩こりや腰痛の解消、さらには日常生活をしているだけなのに消費カロリーが増し、やせやすい体になるため、強くおすすめします。

ぜひ、試してみてください。

動画でチェック！

基本のズルい腹筋と
上級編を含む6つのズルい腹筋を
動画で確認できます！

スマートフォンやタブレットで
QRコードを読み取れる
アプリを使ってチェック！

Chapter 4

食事をほんの少し気をつけてウエストをもっと引き締める！

血糖値をコントロールしよう

ズルい腹筋でもっと早く理想のウエストをつくりたいという方は、普段の食事をほんの少しだけ気をつけてみましょう。

食事に関しては、大きな我慢や無理は禁物です。

食事方法などを少し気をつけるだけでもズルい腹筋の効果が増すので、Chpter 4の内容もぜひ実践してみてください。

まずは、血糖値についてです。

血糖値と言えば糖尿病が思いつくかもしれませんが、健康な人でも、食事をすると体内の血糖値が上がります。

血糖値が上がると膵臓《すいぞう》から「インスリン」というホルモンが分泌され、血糖値を下げようとします。

しかし、40代になると、インスリンの分泌量が減るだけでなく、その働きも低下してしまいます。

すると、**血糖値が下がらず血中に残った糖が中性脂肪になり、それが脂肪細胞に取り込まれ、太ってしまう**のです。

これが肥満のメカニズムです。

つまり、糖そのものが肥満の原因になっていると言っても過言ではありません。

また、血液中の増えすぎた糖が血管（特に毛細血管）の中を傷つけて血管そのものをボロボロにしてしまいます。

その結果、毛細血管の多い眼球、手足の指先、腎臓に大きなダメージを与えて、失明、指先の壊死《えし》、腎不全により人工透析をしないと命の危険にさらされてしまうなどの事態に陥ります。

中性脂肪を増やさないためだけでなく、健康的な体づくりのためにも、血糖値をコントロールすることはとても大切です。

人によっては、血糖値を上げない（インスリンに頼らない）食生活を心がけるだけで、2週間で3kgくらいはやせることができます。

それでは、その具体的な方法をご紹介しましょう。

食事と血糖値の関係

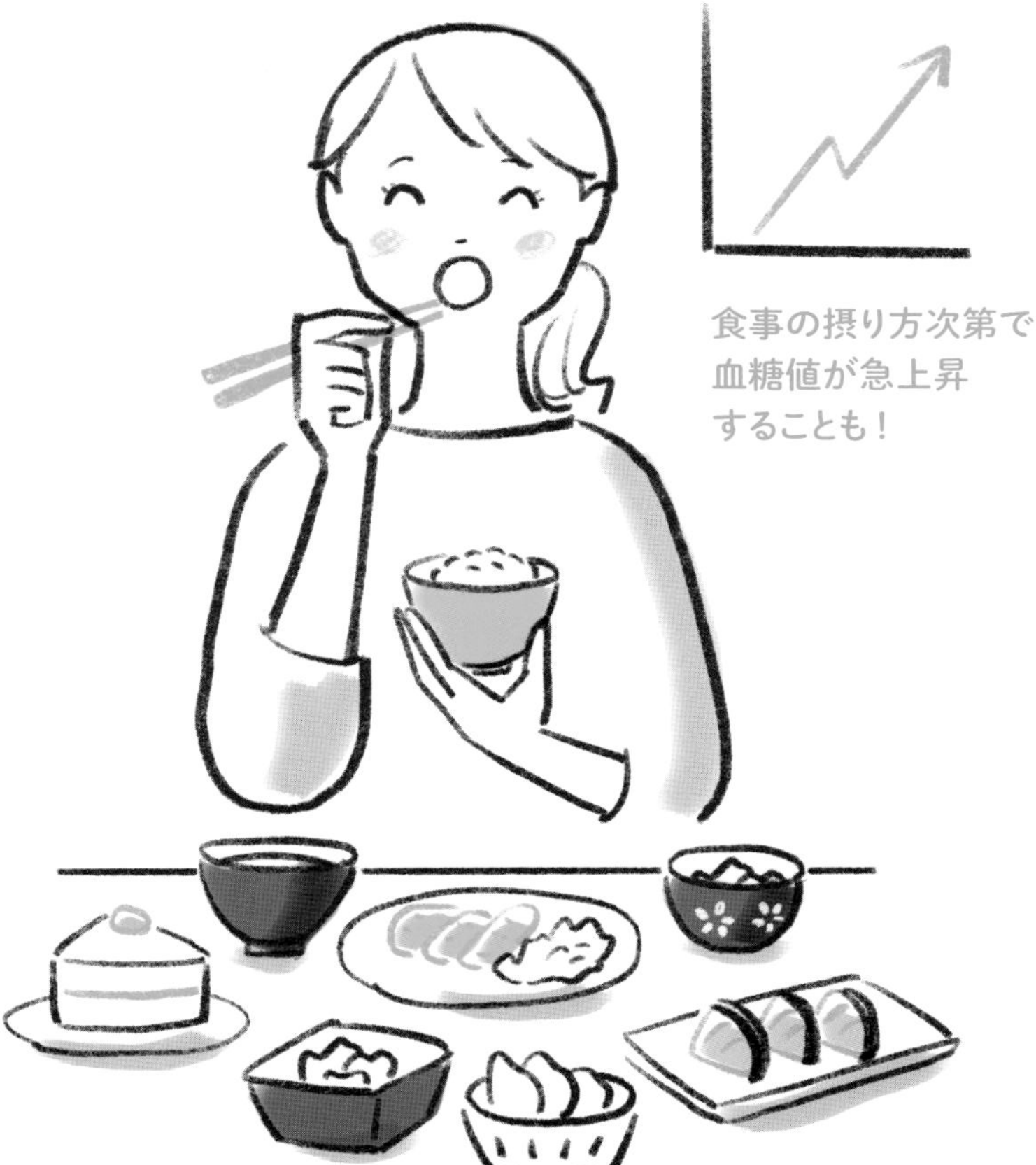
食事の摂り方次第で
血糖値が急上昇
することも！

余分な糖が中性脂肪に！

ベジファーストを心がける

この言葉、最近よくテレビなどでも見かけるようになりました。
ご飯やパンなどの主食を食べる前に、野菜を摂ることを言います。
先に野菜を食べることで、血糖値の急上昇を抑えることができるのです。
ベジファーストは、**何をいつ摂るか**ということがとても重要です。

野菜なら基本的には何でもＯＫですが、特に意識して摂っていただきたいのが、食物繊維を多く含むもの。その中でも水溶性の食物繊維をメインに摂りましょう。

水溶性の食物繊維には、糖やコレステロールの吸収を穏やかにしてくれる働きがあります。

糖質を摂取する前に食物繊維をお腹の中に入れておくと、血糖値の上昇を抑えてくれます。

水溶性の食物繊維が多く含まれている食材はたくさんありますが、中でも粘り成分の多い、わかめ、昆布、オクラ、納豆、長芋、モロヘイヤなどがおすすめです。

ほかにも、オーツ麦、大麦、ひじき、レンコン、干し椎茸にも食物繊維が多く含まれています。

水溶性の食物繊維を食べたら、不溶性食物繊維は食べなくてもいいというわけではありません。

両方のバランスも大切なので、ゴボウ、ブロッコリー、アーモンドなどもあわせて摂取するようにしましょう。

プロテインファーストでもOK

血糖値を急上昇させないためには、ベジファーストだけでなく、プロテインファーストも効果的です。

プロテインとは、タンパク質のこと。**タンパク質を摂ると、インスリンの分泌を促進してくれる「インクレチン」というホルモンが分泌され、食後の血糖値の上昇が非常に緩やかになる**ことがわかっています。

数あるタンパク質食材の中で特におすすめなのは、**牛乳**です。

太りそうなイメージがありますが、糖質はほぼゼロで良質なタンパク質が豊富、しかも摂取しやすさでは間違いなくナンバー1と言えるでしょう。

ただ脂質が含まれているため、1日1回、コップ1杯（200㎖）程度の摂取にしましょう。低脂肪乳であれば、なお良しです。

ほかにも、**卵や納豆**もおすすめです。

卵は栄養素がバランスよく含まれている完全栄養食と言われています。

昔は食べすぎるとコレステロール値が上がると言われていましたが、今ではそれが間違いであることが、厚生労働省からも発表されています。

納豆は、ご飯にかけて食べる方が多いと思いますが、できれば納豆単品で食べるようにしましょう。なぜなら、血液をサラサラにする成分「ナットウキナーゼ」が熱に弱く、熱いご飯にかけるとその効果が急激に低下するからです。

野菜もタンパク質も、糖質より先に食べることで血糖値の急上昇を防ぐことができますが、それでは、野菜とタンパク質はどちらを先に摂るのがよいでしょうか。

それは、できれば野菜を先に摂るほうがよいでしょう。しかし、タンパク質から摂っても血糖値の上がり方に大きな差はありませんので、この辺りはあまり神経質にならなくても大丈夫です。

つまみ食いのすすめ

ベジファーストとプロテインファーストを実践するときは、食事の30分前がおすすめです。

一気に摂るのではなく、少しずつ摂ることが血糖値を上げない秘訣です。

ぜひ、食事の30分前からちょこちょことつまみ食いをするようにしましょう。

例えば、牛乳ならコップ1杯（200㎖）を少しずつ飲んだり、納豆1パックをゆっくり食べたり、あらかじめ器に入れておいた野菜をこまめに食べてから、食事に移るとよいです。

野菜やタンパク質ほどではないですが、ほかにも血糖値の上昇を抑える効果のある食品があるので、ご紹介しましょう。

ワイン

白ワインの辛口がおすすめです。白ワインには「酒石酸《しゅせきさん》」という血糖値を下げる効果のある成分が多く含まれています。

食前酒として飲むと、血糖値上昇の抑制に非常に効果的です。甘口は逆に血糖値が上がるため、おすすめしません。

舞茸

舞茸はキノコ類の中でも特に、血糖値の上昇を抑えて中性脂肪の合成を抑える効果のある「β《ベータ》グルカン」という成分が多く含まれています。

舞茸の煮出し汁も血糖値の上昇を抑えるのに非常に効果的です。

リンゴ酢

酢に含まれる酢酸《さくさん》には血糖値の上昇を緩やかにする効果があります。

また酢には、脂肪の合成を抑制、脂肪を分解する効果も報告されており、ダイエットに効果的なスーパー調味料です。

ただし、多くの酢には糖質が多量に含まれており、摂取するだけで血糖値が上がってしまいます。そのため、糖質の少ないリンゴ酢を摂るようにしましょう。

水や炭酸水で薄めて飲む方法もありますが、ドレッシング替わりに野菜にかけて食べるのもよいでしょう。

値段は一般的な酢より少し割高ですが、健康効果は素晴らしいものがありますのでご家庭に1本、常備しておくことをおすすめします。

緑茶

緑茶に含まれる茶カテキンも、血糖値の上昇を抑える効果があると報告されています。

ペットボトルの緑茶などではなく、茶葉から淹れたものが、効果が期待できます。

ほかにも茶カテキンには、体脂肪の分解促進や血中コレステロール濃度を下げるという研究結果も報告されています。

紅茶や黒豆茶、グアバ茶にも同様の効果があります。

血糖値の急上昇を抑えるために、食事の30分前に抑制効果のある食材をちょこちょこつまみ食いするのはとても効果的です。

ぜひ、今日から実践してみてください。

1日2ℓの水分を摂取しよう

人体は約6〜7割が水分でできており、1日に体から出ていく水分の量は2〜2・5ℓと言われています。

体内に必要な水分が十分にないと、本来サラサラであるはずの血液がドロドロになり、栄養を全身のすみずみにまんべんなく送ることがむずかしくなってしまいます。

私の患者さんや生徒さんでも、特に心当たりがない不調（肩こり、頭痛、腰痛、不眠、疲労感……）は、水分不足が原因である場合が多いです。

栄養たっぷりのサラサラ血液を全身に流すことは、代謝を上げ、健康な体をつくるために必要不可欠です。

それには、1日2ℓの水分を摂取しましょう。

人間が1回の水分摂取で吸収できる量は約200㎖と言われています。**一気に摂取するのではなく、コップ1杯（200㎖）の水を1時間ごとに飲む**習慣を身につけるようにしましょう。

適切に水分を摂取すると、体内の水分代謝もアップします。人の体の水分は約1カ月で入れ替わると言われていますが、きちんと水分を摂取していないと、体内に古い水分がいつまでも残っている状態に。血液もドロドロになって代謝が下がり、肥満や不調の原因になってしまいます。

水分をしっかり摂ってしっかり排出する。これだけでも健康的で美しい体へと生まれ変わります。

水分は、**水（できればミネラルウォーター）**がもっともおすすめです。麦茶もよいでしょう。コーヒーや緑茶はカフェインが含まれていて利尿作用があり、好ましくありません。ジュース類も糖質が多いので避けましょう。

また、アルコールも水分にカウントしないようにしましょう。

おやつは15時に食べるのがベスト

よく「おやつは15時」と聞きますが、この時間におやつを食べることには、きちんと理由があります。

人間の体には、「BMAL1」（ビーマルワン）という体内時計を調整する時計遺伝子があります。

このBMAL1は、1日の中で量が増減するのですが、増加すると太りやすく、減少すると太りにくいということがわかっています。

BMAL1がいちばん減少する時間が、15時頃。そのため、この時間帯におやつを食べても太りにくいというわけです。

ちなみにBMAL1がもっとも増加するのが21時以降なので、遅い時間の食事は太りやすいのです。

15時におやつを食べたら太りにくいとはいえ、注意すべきことがあります。それは、朝と昼にしっかり食事を摂ることです。

朝と昼の食事を食べずに空腹状態でおやつを食べると、血糖値が急上昇し、いくらBMAL1が減少していてもその効果はあまり期待できません。

そのため、朝食をしっかり摂って一度血糖値を上げてインスリンを分泌させることで、インスリンの効果を昼以降も継続させる**セカンドミール効果**を狙いましょう。

ただし、やはり食べすぎは禁物です。

例えば、ショートケーキやアイスクリームを毎日食べたり、ポテトチップスを一度に1袋食べてしまうのは、糖質の摂りすぎになってしまいます。

おやつは適度な量を心がけるようにしましょう。

お酒との付き合い方を工夫する

よく中年男性のぽっこりお腹を「ビール腹」と例えることがありますが、お酒は本当に太るのでしょうか。

食べたものや飲んだものが脂肪に変わるのは、食物に含まれる「糖」が原因です。

アルコール飲料に含まれる糖質量をスティック砂糖（1本3g）で表すと、

- 缶ビール1本（350㎖）は約4本
- 日本酒1合は約2本
- 赤ワイン100㎖は約2分の1本
- 白ワイン100㎖は約1本

です。

スティック砂糖に置き換えると結構な量に感じませんか？
ちなみに**焼酎、ウイスキー、ブランデー**など蒸留酒は、糖質0です。
アルコールを飲むなら蒸留酒が望ましいでしょう。

お酒そのものよりも厄介なのが「おつまみ」です。
お酒に合うおつまみは、どれも高糖質なものばかり。実際、ビール単体ではそれほど血糖値が上がることはありません。そこにおつまみがプラスされることで、血糖値が急上昇してしまうのです。

しかし、お酒を飲むときにおつまみがないのは寂しいもの。そこでおすすめなのが、**ナッツ類**です。

ナッツ類はどれも低糖質なうえ、食物繊維やビタミン類、タンパク質が豊富なスーパーフード。カロリーは高めですが、ナッツ類のカロリーは肥満の元にはなりません。
もちろん食べすぎはよくありませんが、小袋に分けてあるもの1袋やひと握り程度の量（15～25g）なら問題ありません。

お酒を飲む際には、お酒の種類だけでなく、おつまみの種類にも気をつけましょう。

ズルい腹筋で理想のウエストを手に入れよう！

いかがでしたでしょうか。

Chapter4では食事についてお話ししましたが、食事に気をつけることは、ズルい腹筋では必須ではありません。

暴飲暴食をしなければ、ズルい腹筋を1日1分行うだけでお腹まわりはきちんとやせていきます。

ただ、Chapter4でご紹介した内容は決してむずかしいものではないので、もし無理なく取り入れられるものがあれば、ズルい腹筋の効果をさらに高めるために、ぜひ取り入れてみてください。

ここまで、ズルい腹筋のすべてをご紹介してきました。

やせにくいとされているお腹まわりを、1日1分で引き締めることができるのがズルい腹筋です。

さらに付加効果として、体幹の筋力や呼吸力のアップ、肩こりや腰痛・猫背の改善、血流がよくなる、やせやすい体になるなど、うれしい効果が期待できます。

ここまで読んでも、「たった1分で本当に……？」と疑う方がいらっしゃるのも、よくわかります。だからこそ、「ズルい腹筋」と名付けたくらいですから。

けれど、**どうか騙されたと思って、まずはウエストのサイズを測ったあとに1分だけズルい腹筋をしてみてください。**そして、直後にウエストのサイズをもう一度測ってみてください。

1㎝でも減っていたら、あとは毎日続けるだけです。

最初の一歩を踏み出してしまえば、もうあなたの未来のお腹は引き締まったも同然です！

ぜひ楽しみながら、今日からチャレンジしてみてください！

column3

「笑い」でやせる

みなさんは、1日にどれくらい笑っていますか？

「笑う」という行為は、睡眠や入浴と同じように、健康だけでなく理想の体づくりにも役に立ちます。

人は、笑うとセロトニンなどの幸せホルモンが分泌され、自律神経が整い気持ちが穏やかになります。

また、セロトニンは睡眠ホルモンであるメラトニンの原料であるため、セロトニンがたくさん分泌されることで質のよい睡眠をとることができます。

コラム1（32ページ）でお話ししたように、質のよい睡眠は肥満予防だけでなく、やせやすい体をつくってくれます。

鏡の前で口角を上げるだけでも、脳が笑ったと騙されて幸せホルモンを分泌するため、朝起きて顔を洗うときに口角を上げることを習慣化してみてください。

また、声を出して笑うと横隔膜や、腹筋や胸部の筋肉が一度に動きます。みなさん笑いすぎてお腹が痛くなった経験があるかと思いますが、笑うことはそれだけですごい体幹トレーニングになるのです。

口角を上げる、友人と楽しい話をしたり、お笑い番組を観たりして声を出して笑うなど、日々の生活で「笑う」ことをぜひ意識してみてください。

付録

ズルい腹筋
Q＆A

Question

食事制限はしたほうがいいでしょうか？

Answer

ズルい腹筋が習慣化すれば基礎代謝が上がり、脂肪が燃焼しやすい体になります。

加えて適切な食事ができると、もちろん、さらなる効果が期待できるようになります。しかし、無茶な制限は禁物です。食べないと筋肉をつくることができませんし、筋肉がないと代謝ができません。

また、食事制限によるストレスでズルい腹筋をしたくなくなることも考えられます。

食事に気を遣う場合は、Chpter 4 を読んでその中でできるものを取り入れ、1日3食、バランスの整った食事を心がけるようにしましょう。

Question

ズルい腹筋は、いつやるのがいちばん効果的ですか？

Answer

いちばんおすすめのタイミングは、お風呂に入る前です。

ズルい腹筋後にゆっくりお湯に浸かることで、代謝が上がった状態が維持され、カロリー消費、脂肪燃焼が期待できます。

次におすすめするのが朝です。起きてすぐは心臓への負担からよくありませんが、朝起きて水分を摂ってひと息ついてから行えば、代謝のスイッチが入り、脂肪が燃えやすい１日になります。

眠くても１分やるだけで頭がシャキッとしますよ！

Question

腰痛があるのにしても大丈夫ですか？

Answer

痛みの種類や程度によりますが、医師の判断で軽い運動程度はＯＫと言われた方なら、ズルい腹筋はむしろおすすめです。ぜひ「基本のズルい腹筋」から行ってみてください。腰痛が改善するでしょう。

もし余裕があれば、72ページの「くびれをつくるズルい腹筋」もあわせてやると、腰痛には効果的です。

Question

「五十肩」で腕が上がらないのですが、できますか？

Answer

腕が使えることがベストではありますが、どうしても使えない状況でしたらお腹の風船を意識しながらふくらませたり、へこませたりするT・F・M呼吸をするだけでも十分効果はあります。

腕を上げなくてもできる「くびれをつくるズルい腹筋」(72ページ)もよいでしょう。

Question

ぽっこり下っ腹解消のズルい腹筋で、モデルさんのようにひざが上がりません。

Answer

女性は年齢とともに腸腰筋が弱くなりやすく、ひざを上げることがむずかしくなります。しかし、まったく気にする必要はありません。

継続すれば必ずひざが上がるようになり、美しいポーズをとることができるようになります。実際、ひざが上がらなかった生徒さんたちはだんだんと全員、上がるようになりました。

ぜひ、あきらめずに取り組んでみてください。

Question

毎日続けられそうにありません……。

Answer

その気持ち、よ～くわかります。

続けていくために大切なことは、どのタイミングでやるかを決めることです。

例えば、「お風呂に入る前には必ず１分やる！」というようにです。

実行できたらよく目につくカレンダーなどにチェックを入れます。カレンダーにチェックマークが増えてくるだけでうれしくなり、モチベーションが上がります。１カ月のカレンダーがチェックマークで埋め尽くされると達成感がありますよ！

小さなことですが、これが意外と効果的です。

初めは気分やモチベーションに左右されがちですが、習慣化されると逆にしないと気持ちが落ち着かないくらいになります。

どんなに素晴らしいエクササイズや筋トレも続けなければまったく意味がありません。

だれでも続けやすいよう、ズルい腹筋は1日１分で効果が出るようにしました。ぜひ、今日からタイミングを決めてやってみてください。

Question

なかなか効果が出なくて不安です。

Answer

ズルい腹筋に限らず、すべての筋トレやエクササイズで効果がすぐ出る人とそうでない人がいます。

筋肉量や基礎代謝の差、不健康な生活習慣など、さまざまな要因がありますが、継続すれば必ず効果は出ます。

ほとんどの方は効果が出る前にやめてしまうので効果を感じることができないだけなのです。

ズルい腹筋は必ず効果が出ます。あきらめることなく頑張ってください。

Question

ズルい腹筋をしたら、便通がよくなりました。これもズルい腹筋の効果でしょうか？

Answer

ズルい腹筋では腹筋を大きく動かすため、腸へのマッサージ効果があり、便秘改善効果が期待できます。

某製薬会社のアンケート調査によると男性は約2割が、女性は3割以上の方が日常的に便秘を自覚しているそうです。私の生徒さんでも便秘に悩む女性はかなり多くいらっしゃいます。

その原因はさまざまですが、とにかく腸が十分に動かないことが問題のため、便秘の方にズルい腹筋はとてもおすすめです。

便秘の方は夜寝る前と朝にズルい腹筋を行うことでビックリするほどお通じが快適になります。

おわりに

- 太っている自分が嫌い
- ぽっこりお腹のお肉をなくしたい
- 鏡に映る自分を見たくない

自分の体にコンプレックスのある方が、カンタンに自分を好きになる方法があります。

それは、見た目を変えることです。

どこを変えるか？

もっともおすすめなのが、お腹です。

変化が視覚的、感覚的にいちばんわかりやすいからです。

お腹まわりの見た目に変化が出たり、今までキツかったパンツがすっとはけるようになるだけで、びっくりするくらいに自分の体が好きになり、自信もわいてきます。

それを無理なく、カンタンに叶えられるノウハウが詰まったのが、本書で紹介したズルい腹筋です。

本書は、年齢や性別を問わず、また、時と場所を選ばずに、腹筋を鍛えることができる内容になっています。

ズルい腹筋は、継続すれば必ず効果が出ます。

騙されたと思って、スキマ時間を使って、コツコツ実践してみてください。

たった一度きりの人生。

自分の体を好きでいる人生、そうでない人生、あなたはどちらを選びますか？

この本を手にとってくださったみなさんが、ズルい腹筋で自分の体を好きになり、自信と元気のあふれる毎日を過ごされることを、心より願っています。

星野光一

著者紹介

星野光一（ほしの・こういち）

筋活アドバイザー

1973年、和歌山県生まれ。大阪在住。

高校時代、部活動で負った怪我で鍼治療をしたことをきっかけに鍼灸の道に進み、鍼灸師・整体師となる。キャリア29年で延べ20万人以上の患者の健康をサポートしてきた。

20代には腰のヘルニアで苦しむも、筋トレで完全に克服。以降、20年超ライフワークとしてさまざまな筋トレを研究し続けている。

また、その知識と臨床経験を活かして、筋活アドバイザーとしてオリジナル筋トレやエクササイズ（ホシノ式シコワット®やズルい腹筋®）を開発し伝える活動をしている。

実践した人の中には歩行が困難だった状態から歩行可能となる例も。また、ホシノ式シコワットを伝えたセミナーコンテストグランプリ2020でグランプリに輝く。ズルい腹筋も多くの体験者がダイエットや体力増強、体型の改善を成功させている。

現在は行政とも連携し、市民講座、企業研修、オンラインで週２回ズルい腹筋教室を開催している。

健康寿命を平均寿命まで引き上げる健康の伝道師であり、40代からマイナス20歳の体づくりを提唱するスペシャリスト。

監修者紹介

東英子（あずま・えいこ）

医師／あずま在宅医療クリニック院長

1993年近畿大学医学部卒業。泌尿器科医として研鑽を積みながら、緩和医療と高齢者医療に興味を持つ。2004年から在宅医療に従事。在宅緩和ケア、摂食嚥下支援、認知症ケアに特に熱意を注ぐ。
日本泌尿器科学会　泌尿器科専門医／一般社団法人エンドオブライフ・ケア協会認定　エンドオブライフ・ケア援助士／大阪アーユルヴェーダ研究所　基礎講座・専門講座（薬理学・浣腸療法）修了／日本メンタルヘルス協会　公認心理カウンセラー／ Holistic Aromatherapy College認定　アロマ・インストラクター／大阪がん哲学外来　メディカルカフェあずまや主催

1日《にち》1分《ぷん》！　座《すわ》ったままでOK！

ズルい腹筋《ふっきん》

〈検印省略〉

2023年　4　月　12　日　第　1　刷発行
2023年　12　月　25　日　第　18　刷発行

著　　者――星野 光一（ほしの・こういち）
監 修 者――東 英子（あずま・えいこ）
発 行 者――田賀井 弘毅

発行所――株式会社あさ出版

〒171-0022　東京都豊島区南池袋 2-9-9 第一池袋ホワイトビル 6F
電　話　03 (3983) 3225 (販売)
　　　　03 (3983) 3227 (編集)
F A X　03 (3983) 3226
U R L　http://www.asa21.com/
E-mail　info@asa21.com
印刷・製本　（株）光邦

note　http://note.com/asapublishing/
facebook　http://www.facebook.com/asapublishing
twitter　http://twitter.com/asapublishing

ISBN978-4-86667-499-5 C2077